북즐 지식백과 시리즈 1

알아두면 쓸데있는 생활 속 법률지식

채건 지음

북줄 지식백과 시리즈 1
알아두면 쓸 데 있는
생활 속 법률 지식

펴 낸 날	초판 1쇄 2018년 3월 15일

지 은 이	채건
펴 낸 곳	투데이북스
펴 낸 이	이시우
교정·교열	안종군
편집 디자인	박정호
출판등록	2011년 3월 17일 제305-2011-000028 호
주　　소	서울특별시 성북구 아리랑로 19길 86(정릉2차 대주피레오) 상가동 104호
대표전화	070-7136-5700　팩스 02) 6937-1860
홈페이지	http://www.todaybooks.co.kr
전자우편	ec114@hanmail.net

ISBN 978-89-98192-59-4 13320

© 채건

- 책값은 표지 뒷면에 있습니다.
- 이 책은 투데이북스가 저작권자와의 계약에 따라 발행한 것으로 허락 없이 복제할 수 없습니다.
- 파본이나 잘못 인쇄된 책은 구입하신 서점에서 교환해 드립니다.

이 도서의 국립중앙도서관 출판예정도서목록(CIP)은 서지정보유통지원시스템 홈페이지(http://seoji.nl.go.kr)와 국가자료공동목록시스템(http://www.nl.go.kr/kolisnet)에서 이용하실 수 있습니다.(CIP제어번호: CIP2018005891)

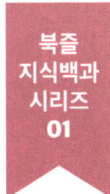

북즐
지식백과
시리즈
01

알아두면 쓸 데 있는
생활 속 법률 지식

채건 지음

차례

제1장 민사법 영역

제1편 이왕 받을 것이면 종이로 확실하게, 불안하면 일단 쓰고 보자 012
— 서면에 의하지 않은 증여와 이에 따른 해제로 인한 원상회복

제2편 미완공된 건물에 걸린 현수막의 의미 015
— 현수막을 중심으로 본 유치권에 대하여

제3편 싸우지 않고 이기는 것이 최선의 방법이다 019
— 내용증명의 의미와 쓰는 방법

제4편 내가 죽기 전에 너희들에게 마지막 말을 남기겠노라 022
— 유언의 방식과 법정방식에 어긋난 유언의 효력

제5편 아무리 그래도 똑같이 나누는 것은 좀 억울하지 026
— 법정상속분 및 기여분과 특별수익에 관하여

제6편 너 같은 불효자식에게는 한 푼도 못줘 029
— 유류분 반환청구에 대하여

제7편 집주인이 보일러는 수리해줘도 형광등은 왜 안 해줄까? 032
— 임대차관계에서 집주인의 수선의무

제8편 만남은 어려워도 헤어짐은 쉽지 036
— 가장혼인과 가장이혼의 효력에 대하여

제9편 보증 한 번 잘못 서면 삼대가 망한다 040
— 보증계약과 연대보증계약의 개념 및 차이점

제10편 보증인을 구제하기 위한 노력들 043
— 개정민법을 중심으로 본 보증인 보호 규정

제11편 부모님께 물려받은 재산보다 빚이 더 많은 경우에는 어떻게 할까? 047
— 상속의 승인과 포기 및 한정승인

제12편 아버지 성은 김씨인데 내 성은 이씨? 051
— 친양자 제도에 관하여

제13편 야속하겠지만 남은 사람이라도 살아야지 054
— 재산분할청구권을 중심으로 본 사실혼관계

제14편 불륜의 대가는 확실히 받고 도박채무는 버티는 것이 답이다 058
— 사회질서에 반하는 법률행위와 불법원인급여에 대하여

제15편 외모만으로 성인이라 판단하고 거래했다가는 낭패 보기 십상 061
— 미성년자와의 거래에 따른 법률효과

제16편 미성년자에게 이대로 당할 수만은 없다 065
— 미성년자와 거래한 상대방 보호 방안

제17편 외상값을 받으러 갔는데 주인만 바뀌어있다면 어떻게 할까? 069
— 상호속용에 따른 영업상 채권자의 보호방법에 대하여

제18편 비양심적인 개업에 대한 규제 074
— 영업양도에 따른 경업금지의무 위반에 대하여

제19편 기간 내에 행사해야 내 권리를 챙길 수 있다 078
— 소멸시효의 개념 및 소멸시효기간

제20편 어설프게 갚으면 갚지 않아도 될 돈까지 갚는다 082
— 소멸시효의 중단과 시효이익의 포기

제2장 형사법 영역

제1편 형법에서는 사람이나 민법에서는 사람이 아닐 수도 있다 088
— 민법과 형법에 있어 사람의 시기(始期)

제2편 사랑에 국경은 없어도 나이는 있을 수 있다 091
— 미성년자의제강간죄에 대하여

제3편 예고 없이 찾아오는 범죄의 유혹 094
— 절도죄와 점유이탈물횡령죄에 대해서

제4편 양날의 검과 같은 친고죄의 고소 098
— 친고죄에서 고소 시 주의점

제5편 잘못했으면 최대한 빨리 빌되, 확실하게 빌어라 101
— 친고죄의 고소취소 가능시기 및 고소권 포기 인정 여부

제6편 손가락 하나 건드리지 않아도 폭행죄가 될 수 있다 104
 – 각 범죄에 따른 형법상 폭행의 의미

제7편 호랑이는 죽어서 가죽을 남기고 사람은 죽어서 이름을 남긴다 108
 – 모욕죄에 대하여

제8편 흉흉한 세상인데 괜한 일에 엮이지 않았으면 좋겠네 112
 – 착한사마리아인법에 대하여

제9편 우리는 과연 어떤 사이일까? 115
 – 법률상 또는 계약상 보호 의무를 중심으로 본 유기죄

제10편 범죄현장에 없어도 강간범이 될 수 있다 119
 – 공동정범과 공모관계 이탈에 대해서

제11편 내 땅 내가 내 마음대로 사용한다는데 무슨 죄가 되겠어? 123
 – 권리남용금지 원칙과 일반교통방해죄

제12편 아버지의 귀중품을 훔쳐도 죄가 되지 않지만 부수면 죄가 된다 127
 – 재산범죄와 친족상도례에 대하여

제13편 밖에서 창문으로 엿보기만 해도 주거침입죄가 될 수 있다 130
 – 주거침입죄에서 대하여

제14편 아주 급하면 염치불구하고 일단 쓰고 보자 134
 – 불법영득의사와 사용절도

제15편 단지 성매매를 권유만 했을 뿐인데도 처벌을 받을 수 있다 137
 – 아동·청소년에 대한 성매매의 심각성

제16편 난 억울한 마음에 증거를 모았을 뿐인데…. 140
 – 사인의 비밀녹음 및 촬영 사진의 증거능력

제17편 술김에 죄를 지으면 정당화가 될까? 143
 – 심신장애상태와 그에 따른 법적효과

제18편 내가 가진 돈은 같으나 형량은 천차만별 147
 – 잔전사기와 점유이탈물횡령죄에 대하여

제19편 잘못 돌려주면 곱배기로 돌려줄 수도 있다 150
 – 뇌물의 개념 및 몰수·추징에 대하여

제20편 둘 중 어느 것이 더 좋고 누가 더 나쁜 사람일까? 154
 – 집행유예와 선고유예에 대하여

제3장 헌법 영역

제1편 **생각보다 많은 일을 하는 헌법재판소** 160
– 헌법재판소가 하는 일

제2편 **양심을 지키기 위한 1년 6개월의 실형** 164
– 양심적 병역거부와 대체복무제 도입에 대하여

제3편 **대통령이 되기 위한 나이와 국회의원이 되기 위한 나이의 차이점** 169
– 헌법개정 절차의 대상이 되는 헌법에 대하여

제4편 **민주공화국은 영원하리라** 173
– 헌법개정의 의미와 절차 및 개정의 한계

제5편 **대통령과 수상 중 누구를 선택할 것인가?** 177
– 대통령제와 의원내각제 및 이원집행부제에 대하여

제6편 **지금도 존재하는 샤일록** 182
– 사인 간에 있어 헌법이 적용되는 원리

제7편 **시대를 앞서간 노래가사 '금연'** 186
– 흡연권과 혐연권의 대결

제8편 **세상의 모든 임신이 축복받은 것일까?** 190
– 낙태죄에 관하여

제9편 **대부분이 불법인 마사지업소** 194
– 시각장애인의 생존권보장과 비시각장애인의 직업선택의 자유

제10편 **헌법상 인간답게 죽을 권리도 인정이 될까?** 198
– 존엄사와 안락사에 대하여

찾아보기 202

머리말

신조어 중에 '법꾸라지'라고 들어보셨을 것입니다. 이는 '법+미꾸라지'의 합성어로, 법을 잘 알아서 미꾸라지처럼 요리조리 법망을 잘 피해 나가는 사람들을 일컫는 말입니다. 부정적인 뜻으로 쓰이는 단어이긴 하지만, 한편으로는 우리에게 시사하는 점도 있습니다. 법이라는 것이 얼마나 우리 현실에 가깝게 적용되고 있고, 법을 안다는 것이 얼마나 큰 무기가 되는지 '법꾸라지'라는 단어를 통해 음미해 볼 수 있기 때문입니다.

지하철에서 다른 사람이 흘린 지갑을 주웠든, 당구장에서 손님이 두고 간 지갑을 주웠든 지갑을 주운 사람 입장에서는 크게 다를 바 없지만, 전자는 점유이탈물횡령죄, 후자는 절도죄에 해당합니다. 점유이탈물횡령죄는 '1년 이하의 징역이나 300만 원 이하의 벌금 또는 과료'에 처해지지만, 절도죄는 '6년 이하의 징역 또는 1천만 원 이하의 벌금'에 처해지므로 형량에도 많은 차이가 납니다. 당구장에서 지갑을 주운 손님은 지하철에서 지갑을 주운 승객보다 형량이 많다는 것을 이해하지 못할 것입니다. 심지어 사람에 따라선 남이 흘린 지갑을 줍는 행위가 형사처벌 대상인지조차 모르는 사람도 있을 것입니다.

이 책에서는 일상생활에서 흔히 접할 수 있는 생활 법률과 상식 차원에서 알고 있으면 유익한 법률 상식에 관해 소개했습니다. 아울러 최근 신문에 나오는 기사를 최대한 인용해 현실과 동떨어지지 않은, 살아 있는 책이 될 수 있도록 노력했습니다.

아무쪼록 가벼운 마음으로 읽은 이 한 권의 책이 독자들이 어려움에 처했을 때 결정적인 무기가 될 수 있길 바랍니다.

끝으로 못난 아들·형을 항상 믿어주는 사랑하는 가족과 물심양면의 뜻을 진정으로 깨닫게 해주신 옥치돈 사장님, 힘들 때 늘 옆에 있어 준 '우리역사연구회' 사람들에게 감사의 마음을 전합니다.

2018년 3월
저자 채 건

제1장

민사법 영역

세상을 살다 보면 자신의 의도와는 무관하게 법적인 분쟁에 휘말리는 경우가 생깁니다. 미리 알아 놓으면 얼마든지 분쟁을 피할 수 있는 일도 준비 없이 닥치면 해결 방법을 몰라 당황하거나 손해를 보는 경우가 있습니다. 한 치 앞을 내다볼 수 없는 현실에서 미리 알아 놓으면 피가 되고, 살이 되는 민사법 지식에 관해 알아보겠습니다.

이왕 받을 것이면 종이로 확실하게, 불안하면 일단 쓰고 보자

– 서면에 의하지 않은 증여와 이에 따른 해제로 인한 원상회복

증여! 듣기만 해도 가슴 설레는 단어입니다. 증여의 사전적 정의를 보면, '당사자 일방이 재산을 무상으로 상대방에게 수여하겠다는 의사를 표시하고, 상대방이 이를 승낙해 성립하는 **낙성**[1]·무상·**편무계약**[2]'이라고 돼 있습니다. 쉽게 말해, 공짜로 재산을 주기로 하고, 상대방도 이를 수락하면 계약이 성립한다는 말입니다(공짜로 재산을 준다는 데 싫어하는 사람이 과연 얼마나 될까요?).

증여의 경우에는 구두계약도 유효하므로 어떤 사람이 나에게 자기 재산을 증여해주겠다는 말을 하면 그 사람을 은인이라 생각할 것입니다.

그러나 여기엔 함정 아닌 함정이 숨어 있습니다. 민법 제555조를 보면 '증여의 의사가 서면으로 표시되지 아니한 경우에는 각 당사

---

1) 당사자의 의사표시의 합치만으로 성립하는 계약(↔요물계약)
2) 당사자 일방이 급부를 하고 상대방은 이에 대응하는 반대급부를 하지 않는 계약(↔쌍무계약)

자는 이를 해제할 수 있다'라고 적혀 있습니다. 즉, 증여의 의사가 종이로 표시돼 있지 않으면 각 당사자(주로 **증여자**[3]겠죠)는 언제든지 없었던 일로 할 수 있다는 것입니다. 이 규정의 취지는 경솔하게 증여한 자를 보호함과 동시에 증여자의 의사를 명확하게 해 뒤에 분쟁이 생기는 것을 피하기 위해서입니다.

  결국 분위기상 호기롭게 재산을 준다고 한 경우, 구두계약이라도 법적으로는 효력이 있지만, 막상 서면으로 표시돼 있지 않으면 증여자가 언제든지 없었던 일로 할 수 있습니다.

  이제 민법 제555조를 알게 된 이상, 어떻게 해야 할까요? 누군가가 증여해준다면 염치 불구하고 서면을 받아 놓는 것이 정답입니다. 여기에서 서면이란, 거창하게 '증여계약서' 등의 제목이 필요 없고, 단지 그 서면의 작성에 이르게 된 경위를 고려할 때 그 서면이 증여 의사를 표시한 것이라는 사실만 표시돼 있으면 민법 제555조의 서면에 해당합니다. 하지만 체면이나 감정상 재산을 준다는 사람 앞에서 종이로 흔적을 남겨달라는 것이 그리 쉽지는 않을 것입니다. 그렇기 때문에 말로만 하는 증여는 '사막의 신기루'와 같은 것입니다. 물론, 서면은 증여계약이 성립한 후에 작성해도 무방하므로 면전에서 말하기 곤란하면 차후에라도 넌지시 말해보는 것이 좋을 듯합니다.

---

3) 증여를 하는 사람

그렇다면 증여계약이 구두로 이뤄졌음에도 재산을 받은 경우, **수증자**[4]는 항상 언젠가 돌려줘야 한다는 생각을 하면서 마음을 졸여야 할까요? 만약, 내가 증여받은 재산을 이미 소비해버렸는데, 갑자기 증여자가 서면에 의하지 않은 것이라며 재산을 돌려달라고 하면 수증자가 이미 소비해버린 재산까지 물어줘야 할까요?

다행히 이미 소비한 재산은 돌려줄 필요가 없습니다. 민법 제558조에 따르면 서면에 의하지 않은 증여를 이유로 증여계약을 해제할 경우에는 이미 이행한 부분에 관해서는 영향을 미치지 않는다고 돼 있습니다.

공짜로 재산을 받아 내 재산이라 생각하고 소비했는데, 어느 날 갑자기 서면에 의하지 않은 증여이므로 없었던 것으로 하고 아울러 내가 소비한 증여받은 재산까지 돌려달라고 하면, 그야말로 청천벽력 같은 일이겠죠. 주지 않는 것보다 줬다가 뺏는 것이 더 나쁘다던데, 내가 소비한 것까지 물어 달라는 것은 너무 심합니다. 그렇기 때문에 민법도 제558조와 같은 규정을 두고 있습니다.

지금까지 증여에 관해 알아봤습니다. 만약, 누군가 증여를 해주겠다고 하면 염치 불구하고 서면을 받아 놓는 것이 맘이 편합니다. 혹시 구두계약으로 증여받았다면 증여자의 마음이 바뀌기 전에 일단 쓰고 보는 것이 현명한 처사(?)일른지도….

독자들의 판단에 맡기겠습니다.

---

4) 증여한 재산을 받은 사람

미완공된 건물에 걸린 현수막의 의미

– 건물에 걸린 현수막을 중심으로 본 유치권에 관해

길을 걷다 완공되지 않은 아파트나 건물에 '당 건물은 XX사가 유치권 행사 중입니다. 무단 침입 시 민·형사상의 모든 책임을 묻겠습니다.'라고 적힌 현수막을 본 적이 있을 것입니다. 현수막에 인쇄된 글자라도 있으면 그나마 다행인데, 가끔은 붉은색 페인트로 커다랗게 '유치권 행사 중'이라 적힌 현수막을 보면 왠지 무섭기까지 합니다.

그런데 왜 저렇게 현수막을 내걸었는지 의문을 가져본 적이 있나요? 저 현수막이 과연 법적으로 의미가 있긴 한 것인지, 아니면 단지 재개발 지구 등에 가면 붉은 글씨로 '생존권 보장'이라고 적힌 현수막과 별반 차이가 없는 것인지 궁금했을 수도 있습니다. 그렇다면 이 편에서는 유치권의 개념과 유치권을 행사하고 있다는 현수막이 과연 법적으로 어떤 의미가 있는지에 관해 알아보겠습니다.

유치권이란, '타인의 물건이나 **유가증권**[1]을 점유한 자가 그 물건이나 유가증권으로 인해 생긴 채권이 변제기에 있는 경우, 그 채권을 변제받을 때까지 그 물건이나 유가증권을 유치할 수 있는 권리'로, **법정담보물권**[2]입니다.

참고로 담보물권 중에 유명한 것으로는 '저당권'이 있습니다. 은행에서 돈 빌릴 때 채무자의 부동산에 대해 저당권 설정 계약을 따로 체결하는데, 이런 경우를 법정담보물권에 대비해 '약정담보물권'이라 합니다.

그런데 유치권의 정의에서 살펴봤듯이, 모든 채권을 위해 유치권을 행사할 수 있는 것이 아니라 그 물건이나 유가증권으로 인해 생긴 채권인 경우에만 가능합니다. 예를 들어, 친구에게 돈을 빌려주고 친구가 변제기에 돈을 갚지 않는다고 해서 친구의 집이나 물건을 유치할 수는 없습니다. 왜냐하면 친구의 집이나 물건은 빌려준 돈과 아무런 상관이 없기 때문이죠. 그러나 집수리를 맡긴 후 수리업자에게 공사비를 주지 않는 경우, 공사비는 그 건물 때문에 발생한 것이므로 공사업자는 이 집에 관한 유치권을 행사할 수 있습니다. 이를 채권과 물건이 서로 관련이 있다고 해서 **견련관계(牽聯關係)**[3]라고 표현합니다. 물론 견련관계가 있다고 해서 유치권이 모두 성립하는 것이 아니라 채권이 변제기에 있어야 하고, 유치권자가 유치물을 점유하고 있어야 하며, 당사자 사이에 유치권의 발생을

---

1) 사법상 재산권을 표시한 증권으로, 수표, 주권, 상품권 등이 있음
2) 따로 약정하지 않더라도 채권자의 권리 실현을 위해 법이 인정해 주는 담보물권
3) 서로 얽히어 관계를 가지게 됨

배제하는 특별한 약속이 없어야 합니다.

 일단 여기까지만 정리해 보면 '유치권 행사 중'이라는 현수막을 보고 추측할 수 있는 것은 건물을 짓기로 한 건물주가 공사업자에게 공사비를 주지 않은 것으로 보입니다. 건물과 공사비 채권은 견련관계가 인정되므로 특별한 사정이 없는 한 공사업자는 이를 근거로 유치권을 행사 중인 것입니다.

 그렇다면 현수막은 왜 걸어두는 것일까요? 은행에서 돈을 빌리면서 집에 저당권을 설정했다는 이유로 대문이나 창문에 '이 집에는 저당권이 설정돼 있습니다.'라며 현수막을 걸어 놓은 경우는 본 적이 없을 것입니다.
 이와 달리, 건물에 유치권 행사 시 '유치권 행사 중'이라는 현수막을 걸어 놓는 이유는 크게 두 가지 때문입니다. 첫 번째로는 앞에서 말했듯이 유치권 성립 요건 중에 그 목적물을 '점유'해야 한다는 것이 있습니다. 그런데 동산이라면 채권자가 그 물건을 갖고 있으면 되는데, 부동산은 어찌 할 도리가 없습니다. 완성되지도 않은 아파트 골조 건물에 혼자 텐트를 치고 계속 살 수도 없는 노릇이니까요. 그래서 현수막을 걸어둠으로써 그 건물을 점유하고 있다는 것을 나타내는 것입니다.
 두 번째로는 유치권은 등기부에 표시되지 않기 때문입니다. 즉, 저당권의 경우에는 등기부에 '저당권이 설정돼 있는 부동산'이라고 표시되는데, 유치권은 표시되지 않기 때문에 거래 안전을 해칠 수 있습니다. 제삼자가 등기부에 아무런 표시가 돼 있지 않은 것을 보고 건물을 샀는데, 갑자기 유치권자가 등장해 "잘 모르시겠지만 그 건물은 제가 유치권을 행사 중입니다."라고 한다면 거래 안전을 크게 해칠 것입니다. 그렇기 때문에 눈에 잘 보이도록 큰 현수막을 건물에 걸어 놓는 것입니다.

유치권과 관련된 여러 가지 복잡한 법리가 많긴 하지만, 우리가 일상생활에서 쉽게 접할 수 있는 건물에 걸린 현수막과 관련해 현수막을 걸어 놓는 이유와 그것의 법적 의미가 무엇인지 간략하게 살펴봤습니다. '아는 만큼 보인다.'라는 말이 있듯이, 이 글을 읽은 후 길을 걷다 '유치권 행사 중'이라는 현수막을 보면 입에 옅은 미소가 번질 것입니다.

싸우지 않고 이기는 것이 최선의 방법이다

– 내용증명의 의미와 쓰는 방법

"不戰而屈人之兵 善之善者也(부전이굴인지병 선지선자야)"

이는 손자병법에 나오는 말로, '싸우지 않고 이기는 것이 최선의 방법'이라는 뜻입니다. 일단 전쟁이 시작되면 승자도 큰 피해를 입으니 당연한 말입니다.

이것은 비단 전쟁에 국한된 얘기만은 아닐 것입니다. 소송 역시 일단 시작되면 몸과 마음이 지칩니다. 변호사 등이 재판에서 주고받는 변론을 '공격·방어 방법'이라 표현하는 것도 음미해 볼 필요가 있을 것입니다.

그렇다면 재판을 하지 않고 이기는 방법에는 어떤 것이 있을까요? 공증사무소 등에서 **공정증서**[1]를 작성하는 방법 등이 있을 것입니다. 그러나 이는 비용이 들고, 무엇보다 말을 꺼내기가 껄끄럽습

---

1) 공증인이 법률 행위 기타 사권(私權)에 관한 사실에 대해 작성하는 증서. 공정증서 작성 시 강제 집행에 있어 집행권원(국가를 통해 실현할 수 있는 청구권의 존재 및 범위를 나타내고, 강제 집행을 할 수 있는 권한을 부여한 증서)으로서 집행력을 가짐.

니다. 가령 돈을 빌려주는 경우, 아직 상대가 돈을 갚지 않은 것도 아닌데 미리 공정증서를 작성하면 상대방이 무척 불쾌할 것입니다. 따라서 이번에는 비용이 저렴하면서도 법원까지 가야 하는 수고를 덜 수 있고, 아울러 상대방에게 경고의 기능을 할 수 있는 내용증명에 관해 알아보겠습니다.

내용증명은 개인 또는 기업 간 채권·채무나 권리변동에 관한 사항 등에 관해 발송인의 요구사항을 문서화해 수취인에게 보냈음을 우체국이 증명해주는 것입니다. 쉽게 말해, 내가 어떠한 요구사항을 서면화해 상대방에게 보냈다는 것을 우체국이 증명해주는 것입니다. 공적기관인 우체국이 발송인을 위해 거짓말을 할 리는 없겠죠?

내용증명의 작성 방법과 내용에는 딱히 정해진 것이 없습니다. 그러나 이왕이면 중언부언하는 것보다 깔끔하게 작성하는 것이 좀 더 효율적일 것입니다.

내용증명에 들어갈 사항은 다음과 같습니다.

1. 수신인(수신인의 주소 및 인적사항 등 수신인을 특정할 수 있는 것)

2. 발신인(본인 주소 및 인적사항 등 발신인을 특정할 수 있는 것)

3. 내용증명을 보내는 목적과 이유 등은 육하원칙에 맞게 작성

4. 날짜, 발신인 이름

5. 계약서나 영수증 등(첨부 자료가 있는 경우)

앞에서 말했듯이 형식이 따로 정해진 것은 아니지만, 작성의 편

의를 위해 인터넷 우체국에서 각 상황에 맞는 형식(대여금 반환 청구, 물품대금 반환 청구, 계약 해지 등)을 다운받을 수 있습니다.

총 3부를 작성해 1부는 상대방에게 보내고, 1부는 본인, 1부는 우체국이 보관합니다. 내용증명으로 발송한 우편물은 3년간 우체국에서 보관하므로 그 기간 내에는 특수우편물수령증, 본인임을 확인할 수 있는 신분증 등을 제시하면 열람·등사를 청구할 수 있습니다.

주의해야 할 점은 내용증명에는 법적효력이 없다는 것입니다. 단지 상대방에게 나의 요구사항을 서면화해 발송했다는 증명의 기능밖에는 없습니다. 하지만 내용증명을 보내면 상대방에게 심리적 압박을 가하게 돼 일이 수월하게 풀리는 경우가 많습니다. 말로만 계속 돈을 달라고 하는 것보다 돈을 달라는 것을 서면화해, 그것도 '… 이상의 사건으로 인한 모든 민·형사상 책임 및 법적분쟁 시 발생하게 되는 비용은 귀하에게 있음을 고지하는 바입니다.'라고 마무리하면 상대방이 강심장이 아닌 이상 소소한 금액은 돌려줄 것입니다. 만약 그래도 돌려주지 않는다면, 그때는 임전무퇴의 정신으로 소송을 할 수밖에 없겠죠.

내가 죽기 전에 너희들에게 마지막 말을 남기겠노라

제4편

― 유언 방식과 법정 방식에 어긋난 유언의 효력

  드라마나 영화를 보면 임종을 앞둔 아버지가 자리에 누워 마지막 말을 자식들에게 남기는 장면이 종종 나옵니다. 자식들은 아버지의 마지막 말씀을 놓치지 않기 위해 귀를 기울입니다. 그런데 아버지가 돌아가신 후 아버지가 남기신 말씀대로 일이 처리되면 이야기의 흐름상 뭔가 밋밋합니다. 꼭 자식 중 어느 누군가는 아버지의 마지막 말씀에 불만을 품고, 이로 인해 가족끼리 다툼이 발생합니다. 불만을 품은 자식은 이렇게 소리칩니다.

  "어떻게 내게 이럴 수 있어. 이 유언은 무효야."

  과연 돌아가시기 전 남기신 아버지의 마지막 말씀이 유언으로서 효력이 있을까요?

  민법은 유언의 방식을 법으로 정해 놓고 있습니다. 즉, 민법 제1060조에서 '유언은 본법의 정한 방식에 의하지 아니하면 효력이 생기지 아니한다.'라고 규정하고 있습니다. 왜냐하면 유언자의 진의를 명확히 하고, 그로 인한 법적분쟁과 혼란을 예방하기 위해서입니다. 그렇기 때문에 법에 정해진 요건과 방식에 어긋난 유언은 그것이 유언자의 의사에 합치하더라도 무효입니다. 따라서 유언의 방식을 정확히 아는 것이 중요합니다. 민법이 정한 유언의 방식에는 다섯 가지가 있습니다.

1. 자필증서에 의한 유언(민법 제1066조)

유언자가 유언의 전문(全文)과 연월일·주소·성명을 적고 날인하는 방식으로 하는 유언입니다. 일상생활에서 많이 쓰이는 방식입니다. 자필증서 유언은 간단하게 할 수 있는 장점이 있지만, 위조·변조의 가능성이 있어 자필증서의 유언을 집행하기 위해서는 반드시 가정법원의 **검인(檢認)**[1] 절차를 밟아야 합니다.

그런데 이때 주의해야 할 점은 이미 말씀드렸듯이 유언 형식을 법정화한 것은 그로 인한 분쟁을 예방하기 위해서라는 것입니다. 유언장을 개봉했을 때 유언을 남기신 분은 이미 돌아가셨기 때문에 유족들이 유언자의 진의 여부를 확인할 수 없습니다. 따라서 판례는 요건을 아주 까다롭게 판단합니다. 즉, '연·월만 기재하고 일(日)의 기재가 없는 자필증서 유언'은 무효라고 봅니다. 아울러 유언자의 '날인'이나 '주소'가 없거나 전자복사기를 이용해 작성한 복사본 역시 무효입니다. 다만, 주소에 관해서는 주민등록법에 의해 등록된 곳일 필요는 없지만, 생활의 근거가 되는 곳으로써 다른 장소와 구별되는 정도의 표시를 갖춰야 한다며 조금 완화된 해석을 하

---

1) 유언의 집행에 앞서 가정법원이 유언 증서의 형식이나 기타 모든 상태를 조사하고, 그 결과를 조서에 기재하는 것

기도 합니다.

2. 녹음에 의한 유언(민법 제1067조)

유언자가 유언의 취지, 그 성명과 연월일을 말하고, 이에 참여한 증인이 유언의 정확함과 그 성명을 말하면 성립하는 유언입니다.

3. 공정증서에 의한 유언(민법 제1068조)

유언자가 증인 2인이 참여한 공증인의 면전에서 유언의 취지를 얘기하고 공증인이 이를 받아 적은 후 낭독해 유언자와 증인이 그 정확함을 승인한 후 각자 **서명**[2] 또는 **기명날인**[3]하면 성립하는 유언입니다.

4. 비밀증서에 의한 유언(민법 제1069조)

유언자가 그의 성명을 기입한 증서를 봉투에 넣어 봉인한 후 이를 2인 이상의 증인 면전에 제출해 자기의 유언서임을 표시하고 봉투의 표면에 제출연월일을 기재한 다음, 유언자와 증인 각자가 서명 또는 기명날인하면 성립하는 유언입니다. 이때 주의해야 할 점은 이 방식에 의한 유언의 경우, 봉투의 표면에 기재된 날로부터 5일 내에 공증인 또는 법원서기에게 제출해 **확정일자**[4]를 받아야 한다는 것입니다.

---

2) 자신의 이름을 쓰는 것(흔히 계약서 등을 작성할 때 '서명'란에 멋지게 자신만의 표식(?)을 그리는데 법적인 의미에서 이것은 서명이 아님)
3) 자신의 이름을 쓰고 도장을 찍는 것
4) 어떤 증서에 관해 그 작성된 일자가 완전한 증거력이 있다는 것을 법률에서 인정하는 일자

5. 구수증서에 의한 유언(민법 제1070조)

유언자가 2인 이상의 증인의 참여로 그중 1인에게 유언의 취지를 말하고, 이를 들은 자가 그 내용을 필기한 후 낭독해 유언자와 증인이 그 정확함을 승인한 후 각자 서명 또는 기명날인하면 성립하는 유언입니다. 이때 주의해야 할 점은 구수증서에 의한 유언의 경우, 질병 기타 급박한 사유로 인해 앞에서 소개한 1~4의 방법 중 어느 하나도 할 수 없을 때 보충적으로 사용할 수 있는 방법이라는 것입니다. 이 방법에 의해 유언을 한 경우, 증인이나 이해관계인은 급박한 사유가 종료한 날로부터 7일 내에 법원에 검인을 신청해야 합니다.

지금까지 민법이 정하고 있는 다섯 가지 유언 방식에 관해 알아봤습니다. 죽기 전에 남기는 말이나 글이 모두 법적 효력이 있는 유언이라 생각하셨을 텐데 의외로 까다로운 점이 많습니다. 그렇기 때문에 유언의 형식을 미리 알아 놓지 않으면 유족들에게 더 큰 혼란과 분쟁의 불씨만 심어줄 수 있습니다. 누구에게나 한 번은 찾아오는 죽음, 마지막 나의 의사가 왜곡되지 않도록 유언 방식을 꼭 알아 놓길 바랍니다.

아무리 그래도 똑같이 나누는 것은 좀 억울하지

제5편

― 법정상속분 및 기여분과 특별수익에 관해

전편에서 유언의 방식과 그 방식에 어긋난 유언이 무효가 됨을 알아봤습니다. 만약, 유언이 무효가 되거나 유언 없이 돌아가신 경우, 상속인들은 법정상속분대로 재산을 받을 것입니다.

법정상속분은 상속순위에 따라 정해지고, 같은 순위의 상속인이 여러 명일 때는 균분입니다. 다만, **피상속인**[1] 배우자의 상속분은 **직계비속**[2]과 공동으로 상속하는 때 또는 **직계존속**[3]과 공동으로 상속하는 때에는 5할을 가산합니다(민법 제1009조).

아울러 상속순위는 1순위가 직계비속, 2순위가 직계존속, 3순위가 형제자매, 4순위가 4촌 이내의 **방계혈족**[4]입니다(민법 제1000조 제1항).

---

1) 상속인에게 자신의 권리·의무를 물려주는 사람
2) 자기로부터 혈통이 수직으로 이어져 내려가는 혈족(자녀, 손자, 증손자 등을 의미)
3) 조상으로부터 혈통이 수직으로 내려와 자기에 이르는 사이의 혈족(부모, 조부모, 증조부모 등을 의미)
4) 자기의 형제자매와 형제의 직계비속, 직계존속의 형제자매 및 그 형제의 직계비속

가령 아버지가 돌아가시고 그 유족으로 배우자와 자녀 2명이 있으며 아버지가 남긴 재산이 7억 원인 경우, 1순위 상속인이 직계비속이므로 자녀 2명이 이에 해당합니다. 아울러 배우자의 경우는 직계비속과 공동 상속할 경우, 5할을 가산하게 되므로 결국 1:1:1.5의 비율로 상속받습니다. 따라서 자녀들이 각각 2억 원씩 받고 배우자는 3억 원을 받게 됩니다.

그런데 가끔 법정상속분대로 받는 것이 어느 일방에게 좀 억울한 면이 있을 수도 있습니다. 예를 들어, 여러 명의 자녀들 중 한 명이 아버지와 같이 일을 해 아버지 재산 증가에 특별히 기여한 경우에도 다른 자녀들과 같은 비율로 상속을 받는다면 당사자는 공평하지 않다고 생각할 것입니다. 이에 민법에는 공동상속인 중에 상당한 기간 동거·간호 그 밖의 방법으로 피상속인의 재산 유지 또는 증가에 특별히 기여한 자가 있을 때에는 그 자에게 상속분을 더 주도록 하는 제도가 있습니다. 이를 '기여분제도'라고 합니다(민법 제1008조의2). 이때 주의해야 할 점은 조문에도 명시돼 있듯이, 특별한 기여를 해야 한다는 것입니다. 판례에 따르면, 성년인 사람이 부양의무의 존부나 그 순위에 구애됨이 없이 스스로 장기간 그 부모와 동거하면서 생계유지의 수준을 넘는 부양자 자신과 같은 생활 수준을 유지하는 부양을 한 경우, 특별한 기여에 해당된다고 해 기여분을 인정한 사례가 있습니다.

때로는 기여분의 반대 경우도 있을 수 있습니다. 가령 공동상속인 중의 일부가 피상속인의 생전에 재산을 받아간 경우입니다. 너무 거창하게 생각할 필요는 없습니다. 자녀가 결혼을 해서 혼수를 해준 경우, 유학을 갈 때 유학비 등을 지원한 경우 등입니다. 이 경우, 아직 미혼의 자녀, 유학을 가지 않은 자녀가 이미 재산을 받은 다른 공동상속인과 똑같은 비율로 상속을 받는다면 그 또한 불공평할 것입니다. 따라서 민법은 피상속인으로부터 재산의 증여나 유증을 받은 자(특별 수익자)가 있는 경우, 이를 고려해 상속분을 정하는 제도를 두고 있는데, 이를 '특별수익자의 상속분'이라고 합니다(민법 제1008조).

결론적으로 피상속인의 유언서에 특별한 말이 없으면 공동상속인들은 법정상속분대로 상속을 받되, 자신이 더 받을 것이 있다고 생각하는 공동상속인은 기여분제도에 따라, 자신이 미리 받은 것이 있어 덜 받아야 할 공동상속인은 특별수익자의 상속분제도에 따라 상속분이 조정됩니다. 민법은 공평이라는 것이 기계적으로 모두 똑같이 분배받는 형식적 평등이 아니라 구체적인 사정을 고려한 실질적인 평등이어야 한다는 것을 보여주고 있습니다. 따라서 공동상속인은 이러한 제도를 미리 알아둬야 손해를 보는 일 없이 자신의 정당한 상속분을 받을 수 있을 것입니다.

제6편 너 같은 불효자식에게는 한 푼도 못줘

– 유류분 반환청구에 관해

　'열 손가락 깨물어 안 아픈 손가락 없다.'라고 하지만 때론 아프지 않거나 덜 아픈 손가락이 있기도 합니다. 드라마 등을 보면 항상 사고만 치고 말썽만 피우는 아들에게 아버지가 돌아가시기 전에 얘기합니다. "너 같은 불효자식에게는 한 푼도 못 줘."

　그러나 법이 정한 형식을 갖추지 못한 유언은 무효라는 것을 이미 공부했습니다. 그렇기 때문에 불효자식은 다소 마음이 놓입니다. 자신의 법정상속분대로 유산을 받을 수 있을 것이라고 생각하기 때문입니다.

　그러나 세상은 그리 호락호락하지 않습니다. 아버지가 말로만 괜히 그러시는 줄 알았는데 이미 법정유언방식을 모두 갖춰 유언장을 남겨 놓은 것입니다. 물론 자신에게는 한 푼도 줄 수 없다는 취지까지 고스란히….

　이 경우 불효자식은 정말 유산을 전혀 받지 못할까요? 물론 그렇지 않습니다. 법에서 정한 일정 부분은 받을 수 있습니다. 이를 '유류분'이라고 합니다.

아침방송 프로에 단골로 등장하는 법률상담 주제이므로 독자들도 받을 수 있다는 것 정도는 알고 있으리라 생각합니다. 이번에는 유류분 제도에 관해 좀 더 자세히 알아보겠습니다.

유류분 제도는 피상속인의 유언에 의한 재산처분의 자유를 제한함으로써 상속인에게 법정상속분에 대한 일정 비율의 상속재산을 회복해주는 제도입니다. 이는 유언의 자유와 가족 간의 재산분배의 공평을 조화시키기 위해 민법이 도입한 제도입니다.

소개한 사례처럼 유산을 전혀 받지 못하는 극단적인 경우뿐만 아니라 상속받은 재산이 법에서 정한 유류분에 미치지 못하는 경우에도 유류분 만큼은 받을 수 있습니다.

상속인의 유류분은 다음과 같습니다(민법 제1112조).
1. 피상속인의 직계비속은 그 법정상속분의 2분의 1
2. 피상속인의 배우자는 그 법정상속분의 2분의 1
3. 피상속인의 직계존속은 그 법정상속분의 3분의 1
4. 피상속인의 형제자매는 그 법정상속분의 3분의 1

그럼 이해를 돕기 위해 계산을 해보겠습니다. 아버지가 돌아가시며 남긴 재산이 1억 원이고, 상속인으로는 아들 2명밖에 없다고 가정해봅시다. 법정상속분대로라면 1:1로 균분해 각각 5,000만 원씩 가져야 할 것입니다. 그런데 아버지가 장남만 예뻐해 장남에게 1억 원을 모두 준다고 유언했다면 어떻게 될까요? 차남의 유류분을 계산해보면 법정상속분인 5,000만 원의 2분의 1인 2,500만 원이 되므로 그 만큼은 차남이 받을 수 있습니다.

그렇다면 만약 아버지가 장남에게 8,000만 원을 주고 차남에게는 2,000만 원만 준다고 유언했다면 어떻게 될까요? 차남도 돈을 받기는 하지만, 앞에서 계산했듯이 차남의 유류분은 2,500만 원이므로 500만 원이 부족합니다. 따라서 차남은 장남에게 500만 원을 받아올 수 있습니다. 결국 어떤 경우든 차남은 2,500만 원은 보장받는 것입니다.

7,500만 원을 받는 장남에 비해 억울할 수도 있겠지만, 그렇다고 전혀 돈을 상속받지 못하는 것도 아니므로 피상속인의 유언으로 인한 재산처분의 자유와 가족 간 재산분배의 공평을 어느 정도는 달성한 셈입니다.

제가 불효자식의 예를 들어 유류분을 설명드린 것은 이해를 돕기 위한 것입니다. 의외로 아직까지 차남이라는 이유로, 딸이라는 이유로 유류분 미만의 상속을 받는 경우를 종종 보게 됩니다. 앞에서 말했듯이 상속을 전혀 받지 못하는 경우뿐만 아니라 상속을 받더라도 그것이 자신의 유류분에 부족할 때는 부족한 액수를 청구할 수 있으니 주변에 상속재산 때문에 힘들어하는 지인이 있으면 꼭 유류분 제도에 관해 말씀해주시기 바랍니다.

집주인이 보일러는 수리해줘도 형광등은 왜 안 해줄까?

– 임대차관계에서 집주인의 수선의무

 사람들의 권리의식이 높아지면서 예전에 비해 세입자들의 정당한 권리행사가 많아졌습니다. 부모님이 젊었을 때에는 주인집 눈치를 많이 봤다고 말씀하는데, 요즘 사람들은 그 정도까진 아닌 것 같습니다. 그러나 아직까지 세입자의 입장에서는 주인집이 마냥 편한 존재는 아닐 것입니다.

 더구나 집과 관련된 문제에서는 어디까지 요구해야 하고, 어디까지 세입자가 감수해야 하는지 애매할 때도 많고, 말을 꺼내기가 불편한 경우도 많습니다. 이번에는 집과 관련된 수리비용 등을 누가 부담해야 하는지에 관해 알아보겠습니다. 아울러 논의의 전제로 일반적으로 '전셋집'이라 불리는 표현의 정확한 법적 의미를 설명드리겠습니다.

 부동산 중개소를 방문하거나 길에 붙은 전단지를 보면 전셋집이나 월셋집에 대한 안내가 많습니다. 대체로 전셋집은 보증금만

내고, 월셋집은 보증금에 한 달 단위로 **차임**[1]을 주는 구조입니다. 물론 공인중개사들도 전세와 임대차 및 채권적 전세에 관해 정확히 알고 있지만, 일반적으로 그렇게 통용되므로 사람들이 알아보기 쉽게 표기했을 것입니다.

우선 사람들이 흔히 말하는 전세는 정확히는 '채권적 전세'입니다. '전세'의 가장 큰 특징은 등기부에 기입된다는 것입니다. 즉, 건물전세인 경우, 등기부를 열람해보면 전세권이 등기돼 있지만, 사람들이 흔히 말하는 전셋집의 경우에는 등기부를 열람해봐도 아무런 표시가 없습니다. 따라서 보증금을 집주인에게 주고 집주인이 보증금에 대한 이자로 차임을 대신하는 구조를 '채권적 전세'라고 표현합니다. 그리고 흔히 말하는 '월세', 즉, 보증금을 주고 일정 단위로(대체로 한 달 단위) 차임을 주는 구조를 '임대차'라고 표현하며 집주인을 임대인, 세입자를 임차인이라 합니다. 물론 건물전세에서는 집주인을 전세권설정자, 세입자를 전세권자라고 표현하는데, 이해를 쉽게 하기 위해 채권적 전세나 임대차 모두 '집주인', '세입자'라고 표현하겠습니다.

채권적 전세와 전세를 굳이 구별하는 것은 양자의 법리가 다르기 때문입니다. 즉, 집을 구할 때 표현은 '전세'라고 돼 있어도 여기에는 '채권적 전세'의 법리가 적용되므로 처음부터 방향 설정을 잘하지 못하고 전세 법리를 여기에 대입하면 낭패를 봅니다.

채권적 전세는 주택임대차보호법 제12조에 근거해 임대차에

---

1) 물건을 빌려 사용한 것의 대가로 지불하는 금전이나 그 밖의 물건

관한 규정이 준용됩니다. 결국 세입자가 거주하는 전셋집이든, 월셋집이든 모두 임대차 규정이 적용되는 것입니다. 따라서 이번에는 보일러 수리와 관련된 임대차 규정에 관해 알아보겠습니다.

민법 제623조에는 '집주인은 목적물을 세입자가 계약 존속 중 사용, 수익에 필요한 상태로 유지하게 할 의무를 부담한다'라고 규정돼 있습니다. 따라서 목적물에 파손 또는 장애가 생긴 경우, 세입자가 큰 비용을 들이지 않고 손쉽게 고칠 수 있는 정도의 사소한 것이면 집주인이 수선의무를 부담하지 않습니다. 그러나 그것을 수선하지 않으면 세입자가 계약에 따라 그 목적대로 사용할 수 없는 경우에는 집주인이 수선의무를 부담합니다.

이를 형광등과 보일러에 적용시켜보겠습니다. 형광등을 새로 바꾸는 것은 큰 비용이 들지도 않고 손쉽게 고칠 수 있는 것이므로 세입자가 비용을 부담하지만, 보일러는 세입자가 목적물을 사용, 수익하기 위해 꼭 필요하지만, 수리나 교체 시 큰 비용이 들므로 집주인이 수선의무를 부담하는 것입니다. 물론 얼마 정도의 비용이 큰 비용인지는 구체적 사안에 따라 다툼의 여지가 있습니다. 그렇기 때문에 계약서를 쓸 때 보일러나 싱크대 수리 등에 관한 사항을 미리 포함시켜 놓는 것도 현명한 방법일 것입니다.

자신의 권리를 정확히 알아야 그 권리를 주장할 수 있습니다. 보일러가 고장 났을 때 주인집이 수리해준다는 것을 막연히 아는 것과 정확한 근거를 알고 권리를 행사하는 것은 상대편이 받아들이는 느낌부터 다를 것입니다. 그러나 법률이 만능은 절대 아닙니다. 어떤 사안에 관해 집주인과 얘기할 일이 생겼다면 처음부터 법적 근거를 대며 조목조목 따지는 것보단 조그만 음료수라도 사갖고 가서 집주인과 얘기하면 서로 웃으면서 문제를 해결할 수 있지 않을까요?

만남은 어려워도 헤어짐은 쉽지

– 가장혼인과 가장이혼의 효력에 관해

2001년 4월에 개봉한 '파이란'이라는 영화가 있습니다. 삼류건달인 강재(최민식 분)가 조직의 보스인 친구 대신 살인죄를 뒤집어쓰고 감옥에 가기로 했는데, 결국 약속을 어겨 친구 부하에게 살해를 당한다는 내용입니다. 약속을 어기게 된 결정적인 계기는 실제 만나본 적도 없는 서류상의 아내 파이란(장백지 분)의 죽음과 그녀의 유품인 편지입니다. 누구 하나 의지할 곳 없는 낯선 한국 땅에서 파이란이 유일하게 마음에 두고 있는 사람은 그녀의 가장혼인 상대방인 강재뿐입니다. 강재는 단순히 용돈을 번다는 마음으로 그녀와의 가장혼인을 승낙했는데, 파이란은 강재가 자신과 혼인신고를 해준 것을 늘 감사하게 여기고 강재에게 진심어린 편지를 씁니다. 무의미한 삶이지만 누군가가 자신을 그토록 사랑해왔다는 것에 뜨거운 눈물을 흘리는 강재는 결국 친구와의 약속을 철회하고 고향으로 돌아가려고 하지만, 살해 당하면서 영화는 막을 내립니다.

아무리 볼품없는 존재라도 어느 누군가에겐 삶의 희망이 될 수 있다는 점에서 세상살이가 힘들 때 이 영화를 보면 가슴이 먹먹해집니다. '세상은 날 삼류라 하고, 이 여자는 날 사랑이라 한다.'라는 포스터 문구를 보면 가슴이 뭉클해집니다.

 영화 '파이란'의 추억에 젖어 영화감상평을 계속 쓰고 싶지만 아쉽게도 현실로 돌아와야겠습니다. 강재와 파이란은 비록 실제로 만난 적은 없지만, 서류상 부부로 혼인신고가 돼 있습니다. 법률혼주의인 대한민국에서 강재와 파이란은 부부로 인정받을 수 있을까요? 정답은 '없다'입니다. 서류상으로는 부부로 돼 있지만, 강재와 파이란은 혼인 의사가 없기 때문에 둘 사이의 혼인은 무효입니다. 민법 제815조에는 혼인의 무효사유를 규정하고 있는데, 그중 1호가 '당사자 간에 혼인의 합의가 없는 때'입니다. 그리고 판례는 당사자 간에 혼인의 합의가 없는 때란 '당사자 간에 사회통념상 부부라고 인정되는 정신적·육체적 결합을 생기게 할 의사를 갖고 있지 않은 경우를 의미한다.'라고 판시했습니다. 즉, 강재와 파이란은 혼인을 한다는 그 자체에는 합의했지만, 그 합의가 단지 파이란의 한국 거주를 위한 것일 뿐, 실제로 혼인생활을 영위할 의사가 없었기 때문에 강재와 파이란의 혼인은 무효가 되는 것입니다. 아울러 혼인의 의사가 없는 가장혼인을 하면서도 공무원에게 허위로 혼인신고를 해 그것이 가족관계등록부에 기재될 때는 형법 제228조가 규정하고 있는 '공정증서원본부실기재죄'에 해당돼 형사처벌의 대상이 됩니다.

가장혼인이 무효라면 가장이혼의 효력은 어떨까요? 여기서 가장이혼이란, 실제로 부부가 진정한 이혼의사에 기초하지 않고 채무회피, 해외이민 등의 목적으로 일시적으로 이혼하기로 한 합의하에 이뤄지는 이혼을 의미합니다. 가장혼인이 무효이므로 가장이혼도 무효가 돼야 할 듯 한데, 판례에 따르면, 가장이혼은 유효합니다. 즉, "협의상 이혼이 가장이혼으로서 무효로 인정되려면 누구나 납득할 만한 특별한 사정이 인정돼야 하고, 그렇지 않으면 이혼당사자 간에 일시적으로나마 법률상 적법한 이혼을 할 의사가 있었다고 보는 것이 이혼신고의 법률상·사실상 중대성에 비춰 상당하다 할 것이다."라고 판시했습니다. 자녀의 해외유학 때문에 남편과 가장이혼을 한 후 외국국적을 가진 남편과 가장 혼인신고를 했지만 아내가 변심하자 남편이 가장이혼이 무효라고 주장한 경우, 채무면탈을 위해 아내에게 재산분할 및 이혼 위자료를 많이 주며 가장이혼을 했는데 아내가 변심하자 남편이 가장이혼이 무효라는 소송을 제기한 경우 등에서 가장이혼의 효력에 관해 판례는 유효라고 본 것입니다. 이와 아울러 가장이혼을 하고 공무원에게 허위로 이혼신고를 해도 가장혼인과 달리 공정증서원본부실기재죄에 해당하지 않습니다. 왜냐하면 일시적이지만 이혼의 의사가 일치한 것은 사실이기 때문입니다.

지금까지 가장혼인과 가장이혼의 효력에 관해 알아봤습니다. 혼인을 하면 상속 및 동거·부양 의무 등 법이 정하는 권리, 의무가 생기지만 이혼을 하면 그러한 권리, 의무가 소멸되므로 아무래도 가장혼인과 가장이혼의 효력에 관해 달리 보는 것 같습니다. 가장혼인의 경우 형사처벌을 받을 위험이 있고, 가장이혼의 경우 배우자가 변심하면 되돌리기가 어렵다는 점에서 가장혼인이나 가장이혼을 생각하고 있는 분들은 신중하게 행동해야 할 것입니다.

제9편 보증 한 번 잘못 서면 삼대가 망한다

— 보증계약과 연대보증계약의 개념 및 차이점

"친구들이 물건 팔러 내게 오면 난 꼭 사준다. 아무런 말없이 세 번 정도 사주면 그 친구도 미안해서 물건 팔려고 잘 안 오더라. 그래서 우리 집에는 정수기가 3대나 있어. 그 대신, 절대 보증은 서지 마라. 누가 내게 보증 서 달라고 하면 돌아가신 아버지 유언이 '보증 서지 마라'이기 때문에 보증은 안 된다며 거절한단다. 너희들도 절대 보증은 서지 말아라."

고등학교 때 영어선생님이 하신 말씀입니다. 아버지 유언을 들먹이며 보증을 서지 않는다는 말씀이 너무 재밌어서 지금까지도 생생히 기억합니다. 그 당시에는 보증의 개념에 관해 막연히 알고 있는 정도였지 보증계약을 누구와 체결하고 그 효과 및 거래상 주로 체결하는 '연대보증'이 무엇인지는 전혀 몰랐습니다.

그런데 보증계약의 부탁을 거절하는 것이 어렵긴 어려운 모양입니다. 오죽했으면 성경에서조차 '너는 손을 마주쳐 서약하는 자나 빚 보증인이 되는 자들 가운데 하나와 같이 되지 마라.'(잠22:26), '명철하지 못한 자는 손을 마주쳐 서약하며 자기 친구의 눈앞에서 보증인이 되느니라.'(잠17:18)라며 보증계약 체결을 만류하고 있습니다. 더구나 우리나라는 정과 명분을 중시하기 때문에 원하지 않는 보증을 서는 경우가 많고, 이로 인해 문제가 야기되자, 정부는 '보증인 보호를 위한 특별법'을 제정했습니다. 그러나 동법은 그 적용대상이 아무런 대가 없이 호의로 이뤄지는 보증으로 제한돼 있어 일반 보증인을 보호하기엔 미비했기 때문에 결국 일반 보증인을 보호하기 위해 민법을 개정해 보증의 방식(민법 제428조의 2), 채권자의 정보제공의무(민법 제428조의 3) 등을 신설했습니다(신설 2015년 2월 3일, 시행일 2016년 2월 4일). 따라서 이번에는 보증계약의 의미 및 거래상 주로 이용되는 연대보증에 관해 알아보고, 보증계약과 관련해 새롭게 바뀐 부분에 관해 설명하겠습니다.

민법 제428조 이하가 규정하고 있는 보증계약이란, 보증인이 **주채무**[1]와 동일한 내용의 급부를 이행할 것을 내용으로 하는 계약입니다. 보증인의 일반 재산이 강제 집행의 대상이 되므로 '인적담보'라 표현하기도 합니다. 참고로 보증계약은 채권자와 보증인이 체결하는 계약일 뿐, 채무자는 계약의 당사자가 아닙니다.

이러한 보증계약 중 '연대보증계약'이란, 보증인에게 최고·검색의 항변권이 없는 것입니다. 최고·검색의 항변권이란, 채권자가 보증인

---

1) 채권자와 채무자가 계약해 생긴 채무

에게 채무의 이행을 청구한 경우, 보증인은 **주채무자**[2]에게 변제 자력이 있다는 사실 및 그 집행이 용이하다는 것을 증명해 주채무자에게 먼저 청구할 것과 그 재산에 관해 집행할 것을 항변하는 것입니다. 즉, 보증인의 입장에서는 '내가 돈 빌린 것도 아니니 돈을 빌린 주채무자에게 먼저 청구해서 받아.' 이렇게 말하는 것이 최고·검색의 항변권입니다. 그런데 연대보증에서는 최고·검색의 항변권이 없으므로 채권자가 보증인에게 곧바로 돈 갚으라고 해도 보증인은 할 말이 없는 것입니다. 채권자의 입장에서는 훨씬 유리한 것이죠. 그렇기 때문에 거래상 보증계약은 대부분 연대보증계약으로 체결됩니다. 연대보증이란 말이 워낙 익숙하니 별 것 아닌 것 같아도 연대보증계약은 보증인의 책임이 큰 계약입니다.

그렇다면 개정된 민법에서는 보증계약과 관련된 조문이 어떻게 바뀌었을까요? 앞에서 말했듯이 개정취지는 보증인의 무분별한 보증을 막고, 그 책임을 제한하기 위해 만든 것이므로 아무래도 보증인에게 유리할 수밖에 없습니다. 다만, 주의해야 할 점은 개정 규정은 개정법 시행(2016년 2월 4일) 후에 체결되거나 기간을 갱신하는 보증계약부터 적용된다는 것입니다. 즉, 개정법 시행 전에 체결된 보증계약에서는 개정법이 적용되지 않습니다. 그렇다면 보증인 보호를 위해 개정민법은 어떤 규정을 신설했는지 다음 편에서 좀 더 자세히 설명하겠습니다.

---

2) 돈 빌린 사람

제10편 보증인을 구제하기 위한 노력들

– 개정민법을 중심으로 본 보증인 보호 규정

전편에서 보증계약과 연대보증계약의 개념에 관해 알아봤습니다. 특히, 거래상에서 대부분 연대보증계약을 체결하다 보니 보증하면 으레 연대보증계약을 생각하는데, 최고·검색의 항변권이 없다는 점에서 연대보증계약은 보증인에게 책임이 큰 계약이므로 좀 더 신중해야 할 필요가 있습니다. 이번에는 보증인 보호를 위해 개정된 민법을 중심으로 살펴보겠습니다.

우선 개정법은 보증의 방식에 관해 규정했습니다. 즉, 구법에서는 보증의 방식에 관해 특별한 규정이 없었지만, 신법에서는 신중한 보증계약의 체결을 위해 보증인의 보증의사는 기명날인이나 서명이 있는 서면으로 표시해야 효력이 발생한다고 규정했습니다. 따라서 구두보증이나 보증을 녹음한 것은 보증계약으로써 효력이 없습니다. 아울러 '서면'에는 전자문서는 포함되지 않기 때문에 전자서명, 인터넷 등에 의한 보증도 무효입니다.

다만, 주의해야 할 점은 보증의사가 서면으로 표시되지 않은 경우라도 보증인이 보증채무를 이행한 경우, 그 한도 내에서는 방식의 하자를 이유로 보증계약이 무효라고 주장할 수 없습니다. 보증계약의 형식을 규정한 것은 보증인에게 미리 경고해서 보증계약을 신중하게 체결하도록 하기 위함인데, 보증인이 임의로 이행한 것까지 무효로 한다면 오히려 채권자에게 너무 가혹할 수 있기 때문입니다.

다음으로는 보증계약에 있어 채권자의 의무를 규정했습니다. 즉, 종전에는 법원이 구체적 사안에 따라 보증인을 보호하기 위해 보증인의 책임을 제한했는데, 개정법은 명문으로 채권자의 의무를 규정한 것입니다. 돈을 빌려준 채무자의 자력이 없거나 악화되면 보증인이 이행기에 이를 변제해야 하므로 보증인이 피해를 입을 텐데, 채권자가 이를 수수방관하는 것은 보증인에게 너무 가혹하기 때문에 이를 명문으로 규정한 것입니다.

좀 더 구체적으로 살펴보면, 채권자는 보증계약을 체결할 때 보증계약의 체결 여부 또는 그 내용에 영향을 미칠 수 있는 주채무자의 채무 관련 신용정보를 보유하고 있거나 알고 있는 경우에는 보증인에게 그 정보를 알려야 합니다. 이는 보증계약을 갱신할 때에도 마찬가지입니다. 극단적인 예를 들어, 주채무자가 신용불량자가 될 정도로 자력이 없다는 것을 채권자가 알면서도 이를 모르는 보증인과 보증계약을 체결할 경우 이행기에 보증인이 채무의 부담을 떠안을 것이 뻔합니다. 그렇기 때문에 보증인을 보호하기 위해 명문으로 채권자의 정보제공의무를 규정했습니다.

아울러 보증계약을 체결할 당시에는 주채무자의 자력이 튼튼했지만, 시간이 지나 악화될 경우에 대비해서도 명문 규정을 만들었습니다. 즉, ① 주채무자가 원본, 이자, 위약금, 손해배상 또는 그 밖에 주채무에 종속한 채무를 3개월 이상 이행하지 않는 경우나 ② 주채무자가 이행기에 이행할 수 없음을 미리 안 경우 또는 ③ 주채무자의 채무 관련 신용정보에 중대한 변화가 생겼음을 알게 된 경우 등 ① ~ ③번 사유 중 어느 하나의 사유가 발생하면 채권자는 지체 없이 보증인에게 그 사실을 알려야 합니다.

또한 채권자는 보증인의 청구가 있으면 주채무의 내용 및 그 이행 여부도 보증인에게 알려야 합니다. 아무래도 보증인의 입장에서는 주채무의 내용이나 그 이행 여부에 따라 자기 책임이 좌지우지되므로 보증인의 알 권리를 명문으로 보장한 것입니다.

그렇다면 위에서 언급한 채권자의 의무를 채권자가 위반했을 때는 어떻게 될까요? 보증인이 보증채무를 면할까요? 그렇지는 않습니다. 채권자가 위 의무를 위반해 보증인에게 손해를 입힌 경우에는 법원이 그 내용과 정도 등을 고려해 보증채무를 감경하거나 면제할 수 있습니다. 즉, 법원이 구체적 사안을 판단해 결정할 뿐, 보증채무를 일률적으로 면제하지는 않습니다.

지금까지 보증인 보호를 위해 개정된 민법을 살펴봤습니다. 이 밖에도 **근보증**[1]의 경우, 보증하는 채무의 최고액을 서면으로 특정

---

[1] 계속적 거래관계에서 현재 또는 장래에 발생하게 될 불특정채무에 관해 책임을 지는 보증

해야 하는 등(민법 제428조의 3) 보증인을 보호하기 위한 여러 조항이 제정됐습니다.

보증이라는 것이 결과가 좋으면 다행인데, 자칫하면 침몰하는 배에 같이 타는 것이 돼 여러 명의 피해자가 생깁니다. 특히, 평소 친하던 지인이나 혈육관계에서 보증을 부탁하면 매몰차게 거절하기가 힘든 것이 사실입니다. 그러나 이러한 점 때문에 오죽했으면 성경에서조차 빚보증에 관해 언급하고 있고, 지금은 사회 문제로까지 야기돼 법까지 제정될 정도이므로 보증의 피해는 생각보다 무서운 것입니다.

그럼에도 불구하고 보증계약을 체결할 수밖에 없는 상황이 있을 수도 있으니 보증계약 체결 여부에 관해 제가 감히 어떻게 말할 수는 없습니다. 다만, 영어선생님이 왜 아버지 유언을 들먹이면서까지 보증을 서지 말라고 하셨는지는 나이를 먹을수록 더 알 것 같습니다.

부모님께 물려받은 재산보다 빚이 더 많은 경우에는 어떻게 할까?

– 상속의 승인과 포기 및 한정승인

여주인공으로 추정되는 인물에게(이하 여주인공으로 호칭하겠습니다) 어느 날 험상궂게 생긴 남자들이 들이닥쳐 종이쪽지 하나를 보여주며 얘기합니다. "네 아버지가 우리에게 빌린 돈이니 유일한 유족인 네가 대신 갚아야겠다." 그러자 비련의 여주인공은 털썩 쓰러지며 조금만 여유를 달라 사정하고, 슬픈 배경음악이 흘러나옵니다.

오랜만에 만난 친한 친구와 밤새 술을 마신 후 해장국 집에서 해장을 하며 본 아침드라마 내용입니다. 제목도 모르는 드라마인데 전 멍하니 그 장면을 음미하고 있었습니다. 여주인공의 비극적인 운명보다 드라마의 현실성에 관해 아주 부정적입니다. '세상에 차용증의 진위 여부도 확인하지 않고 돈을 갚는다는 사람이 어디에 있단 말인가.', '아버지 빚이 많으면 상속포기나 한정승인 또는 특별한정승인을 하면 될 것인데 갚긴 뭘 갚는단 말인가.'

드라마 작가가 극적인 요소를 넣어 여주인공의 애처로운 삶을 강조하기 위해 그랬는지, 아니면 정말 법률적 지식이 없어 그랬는지 당연히 저는 알 수 없습니다. 혹은 드라마를 현실에 대입해 너무 진지하게 본 제 잘못일수도 있지만, 뭔가 계속 찜찜합니다. 물론 그 후로 그 드라마를 본 적이 없어 과연 여주인공이 아버지의 빚을 갚았는지 법률 상담을 받아 빚을 갚지 않았는지는 모르겠습니다. 과연 어느 날 독자들에게 위의 여주인공 같은 사건이 발생했다면 어찌하시겠습니까? 또는 부모님이 남긴 유산을 사용하고 있는데 알고 보니 물려준 재산보다 빚이 더 많은 경우 어떻게 하시겠습니까?

피상속인이 사망한 경우, 피상속인이 갖고 있던 재산상 권리·의무는 법률상 상속인에게 당연히 승계됩니다. 즉, 의무까지도 승계되다 보니 빚까지도 승계됩니다. 상속이 마냥 좋은 것만은 아닌 것입니다. 상속인의 입장에서는 자칫 피상속인의 빚까지도 갚아야 할 처지에 놓일 수 있기 때문입니다. 이 경우 상속인은 상속포기나 한정승인을 하면 됩니다. 상속포기란, 상속의 효과를 상속 개시 시로 소급해 소멸시키는 상속인의 의사표시를 말합니다. 즉, 재산을 받은 것이 없게 되는 대신 빚을 갚을 의무도 없습니다.

한정승인이란, 상속인이 상속으로 취득하게 된 재산의 한도에서 피상속인의 채무와 **유증**[1])을 변제할 것을 조건으로 상속을 승인하는 것을 말하며, 민법 제1028조에서 규정하고 있습니다. 예를 들어, 부모님께 받은 유산이 2억 원이고, 빚이 1억 원이면 2억 원의 범위

---

1) 유언으로써 자기 재산의 일부를 무상으로 타인에게 주는 행위

내에서만 1억 원을 갚는다는 것입니다. 즉, 상속인의 재산은 건드리지 않는 것입니다.

　단순승인이란, 말 그대로 상속인이 무제한·무조건적으로 피상속인의 권리·의무를 승계하는 것을 말합니다. 물려받는 재산보다 빚이 더 많은 경우에는 단순승인은 피하는 것이 상책입니다.

　그런데 때로는 나도 모르게 단순승인을 해버리는 경우가 있습니다. 이를 법정단순승인이라 합니다. 민법 제1026조에서 이러한 사유를 규정하고 있는데, ① 상속인이 한정승인을 하거나 상속포기를 하기 전에 상속재산을 처분한 경우, ② 상속인이 상속개시가 있음을 안 날로부터 3월 내에(이하 '숙려기간'[2]) 한정승인 또는 상속포기를 하지 아니한 경우, ③ 상속인이 한정승인 또는 포기를 한 후에 상속재산을 은닉하거나, 부정소비하거나, 고의로 재산목록에 기입하지 아니한 때는 단순승인을 한 것으로 봅니다. 다만, 상속인이 상속을 포기함으로 인해 다음 순위의 상속인이 상속을 승인한 때에는 이러한 행위를 해도 법정단순승인이 되지 않습니다.

　그런데 상속인의 입장에서는 물려받은 재산보다 갚아야 할 빚이 더 많은 경우, 법정단순승인이 되면 큰일입니다. 피상속인이 사망했기 때문에 그에 관한 채권·채무가 일목요연하게 동시에 나타나는 것이 아니므로 피상속인의 빚이 없는 줄 알고 상속재산을 처분했는데 갑자기 피상속인의 채권자가 나타나 빚을 갚으라고 하면 억울

---

2) 곰곰이 생각할 수 있는 기간

한 노릇입니다. 따라서 민법 제1019조 제3항에서는 특별한정승인에 관해 규정하고 있습니다. 즉, ① 상속채무가 상속재산을 초과한다는 사실을 상속인이 중대한 과실 없이 숙려기간 내에 알지 못하고 단순승인한 경우, ② 숙려기간 내에 한정승인 또는 포기를 하지 않아 법정단순승인이 된 경우, ③ 상속인이 한정승인 또는 상속 포기 전에 상속재산에 관해 처분행위를 해서 법정단순승인이 된 경우에는 상속채무가 상속재산을 초과하는 사실을 안 날로부터 3월 내에 한정승인을 할 수 있습니다. 즉, 상속인이 중대한 과실 없이 물려받는 재산보다 빚이 많다는 것을 몰랐으므로 한정승인할 기회를 다시 한 번 주는 것입니다.

앞서 살펴봤듯이 상속이라는 단어가 항상 좋은 것만은 아닐 것입니다. 거액의 상속세를 내지 않기 위해 온갖 편법을 발휘해야 하는 사람도 있지만, 어떤 사람에게는 빚의 굴레를 씌우는 것이 될 수도 있습니다. 그렇기 때문에 아침 드라마의 안타까운 여주인공이 되지 않기 위해서는 상속에 관한 법률지식을 미리 알고 있을 필요가 있을 것입니다.

아버지 성은 김씨인데 내 성은 이씨?

제12편

― 친양자 제도에 관해

　민법은 부계혈통주의를 원칙으로 하고 있습니다. 다만, 아버지를 알 수 없는 자나 부모가 혼인 신고 시 어머니의 성과 본을 따르기로 협의한 경우에는 어머니의 성과 본을 따르지만, 이는 어디까지나 드문 일입니다. 그렇기 때문에 아버지와 자녀의 성(姓)은 같은 경우가 많습니다. 다시 한 번 말씀드리지만, 아버지와 자녀의 성이 항상 같은 것은 아니라 같은 경우가 많을 뿐입니다. 즉, 재혼 가정의 자녀일 경우 아버지와 자녀의 성이 다를 수도 있습니다. 또는 양자를 입양했는데 양부모와 양자의 성이 다를 수도 있습니다. 사람마다 다르겠지만, 대부분은 부모님이 재혼하신 것, 양부모와 산다는 것을 남에게 알리고 싶지 않을 것입니다.

　물론 자녀의 복리를 위해 자녀의 성과 본을 바꿀 필요가 있는 때에는 법원의 허가를 받아 변경할 수 있습니다. 그러나 재혼 가정일 경우, 재혼한 배우자의 자녀를 전 배우자의 친족과 단절시키거나 입양의 경우 친생부모와 친족관계를 단절시킬 필요가 있을 때도 있습니다. 특히 입양의 경우 '입양 촉진 및 절차에 관한 특례법'에 의해 양친의 성과 본을 따를 수 있다 하더라도 그 사실이 가족관계등록부에 공시되기 때문에 입양을 하는 부모들은 양자를 자신이 낳은 자녀처럼 허위로 출생신고를 하는 경우도 많았습니다.

그래서 이런 문제점들을 해소하기 위해 민법은 친양자 제도를 두고 있습니다. 그렇다면 친양자 제도는 무엇이며, 그 요건은 무엇인지에 관해 알아보겠습니다.

친양자 제도란, 종전 친생부모와의 관계를 종료시키고 양부모와의 친족관계만을 인정해 양부모의 성과 본을 따르도록 하는 제도입니다.

친양자 입양 요건은 민법 제908조의 2에 규정돼 있습니다.

1. 친양자가 될 사람이 미성년자이어야 합니다(일반 입양은 양자가 미성년자가 아니어도 입양할 수 있습니다).
2. 3년 이상 혼인 중인 부부로서 공동으로 입양해야 합니다. 다만, 부부 한쪽이 그 배우자의 친생자를 친양자로 입양하는 경우에는 1년 이상의 혼인 기간이면 됩니다(일반입양은 독신인 자도 입양할 수 있습니다). 가령 재혼한 지 1년 이상 된 부부의 경우, 부부일방이 그 배우자의 친생자를 친양자로 입양하는 경우입니다.
3. 친생부모의 동의가 필요합니다.

4. 입양의 의사표시가 필요합니다.
5. 가정법원의 허가가 있어야 합니다.

 이상과 같은 요건을 갖춰 친양자 입양이 되면 친양자는 원칙적으로 양부의 성과 본을 따르며, 친양자는 부부가 혼인 중에 출생한 자가 됩니다.
 아울러 친양자 입양의 취소나 파양은 일방 입양의 취소나 파양보다 그 요건이 훨씬 까다로워 자의 복리에 유리합니다.
 비록 친양자 입양 대상이 미성년자에 한정돼 있고, 친양자 입양을 위한 부부 간의 혼인 기간이 정해져 있어 다소 제한적이기는 하지만, 일방 입양의 경우보다 자녀의 복리에 더 유리하므로 그 요건을 완화하려는 입법 발의도 있었습니다(문희상 의원, 재혼가정 친양자 입양요건 완화 입법 발의 - 중부일보 2017년 4월 10일 기사 참조).
 만약, 지금까지 친양자 제도를 몰라 보통 입양을 생각하고 계셨다면 자의 복리를 위해 친양자 입양을 고려해보는 것이 어떨까요?

야속하겠지만
남은 사람이라도 살아야지

– 재산분할청구권을 중심으로 본 사실혼관계

사실혼관계를 단어 그대로 풀이하면, '사실상 혼인관계'라는 의미입니다. 즉, '법률상 혼인관계'에 대비되는 말이기도 합니다. 민법은 법률혼주의가 원칙이기 때문에 혼인신고를 해야 상속, 후견인 지위 등에 관해 법적으로 보호를 받습니다. 그러나 사실혼 관계라고 해서 당사자에게 아무런 권리·의무가 없는 것은 아닙니다. 사실혼 관계에서도 많은 권리와 의무가 있습니다. 이번에는 사실혼관계에서의 권리·의무, 특히 재산분할청구권에서 주의해야 할 점을 알아보겠습니다.

우선 사실혼의 의미가 중요합니다. 사실혼이 인정되기 위해선 혼인신고만 하지 않았지 혼인의 실체관계는 있어야 합니다. 따라서 단순히 동거를 하거나 간헐적인 정교를 한다고 해서 사실혼관계가 인정되는 것은 아닙니다. 즉, 아무리 동거한 기간이 길더라도 혼인의 실체가 없다면 사실혼관계가 아닙니다. 실례로 '처제와 26년간 내연관계를 맺은 경우 법원은 사실혼 관계를 인정하지 않았습니다(서울신문 2017년 10월 9일 기사 참조).'

사실혼의 대표적인 경우로는 결혼식 후 혼인신고를 하지 않은 경우를 들 수 있습니다. 물론 결혼식을 했다고 해서 무조건 사실혼 관계가 인정되는 것은 아니며, 결혼식을 하지 않았다고 사실혼이 부정되는 것은 아니지만, 대체로 결혼식까지 하고 정상적인 혼인생활을 하고 있지만, 혼인신고만 하지 않은 경우가 사실혼의 대표적인 경우입니다.

이러한 사실혼 관계가 인정되면 서로 간에 동거의무, 부양의무, 협조의무, 정조의무 등이 인정됩니다. 즉, 혼인신고가 돼 있지 않다고 해서 총각·처녀처럼 살면 안 된다는 것입니다. 사실혼도 법률혼과 마찬가지로 한 사람만 바라보며 콩 한쪽도 나눠먹는 사이가 되는 것입니다.

만약, 특별한 이유 없이 이러한 의무를 위반해 사실혼이 파기될 경우, 위반자는 이로 인한 손해배상을 상대방에게 해줘야 합니다. 아울러 제삼자가 사실상의 배우자와 정교관계를 갖거나 부당하게 간섭해 사실혼 관계가 파탄되는 경우, 제삼자는 불법행위로 인한 손해배상 책임을 집니다. 즉, 사실혼 관계는 제삼자로부터도 보호를 받는 것입니다.

아울러 사실혼 관계라도 재산분할청구권이 인정됩니다. 사실혼 관계를 맺는 동안 공동의 노력으로 형성된 재산이나 일방이 그 재산의 유지·증식에 도움을 줬다면 사실혼이 해소될 때 분할을 청구할 수 있습니다. 그 밖에 근로기준법, 공무원연금법, 군인연금법, 선원법, 사립학교교원연금법 등에서는 사실혼관계에 있는 자를 배우자로 봐 각종 유족연금 등을 받을 수 있도록 하고 있습니다.

그런데 사실혼의 경우, 법률혼과 비교해 보호받지 못하는 것 중 가장 큰 것이 상속입니다. 사실혼 관계에 있는 자 중 일방이 사망한 경우, 타방에 대한 경제적 지원 등이 중요한데, 사실혼 관계에서는 상대방의 재산이 상속되지 않습니다. 그렇다면 사실혼 관계자 중 일방의 생명이 위태로워지면 어떻게 해야 할까요? 야속할 수는 있겠지만, 일방적으로 사실혼 관계를 끝내고 재산분할을 청구해야 합니다.

법률상 혼인을 하면 이혼을 할 때도 민법 제840조가 규정한 재판상 이혼사유에 해당해야 합니다. 물론 당사자가 이혼에 관해 협의를 하면 협의상 이혼으로 아무런 문제가 없겠지만, 이혼에 관한 협의가 되지 않으니 재판까지 오게 된 것이겠죠. 그런데 사실혼 관계에서는 사실혼 해소 사유가 필요 없습니다. 쉽게 말해, 그냥 상대방과 살기 싫으면 사실혼 관계가 해소됩니다. 물론 정당한 이유 없이 사실혼 관계를 해소하면 손해배상을 해줘야 하지만, 그것은 금전적인 문제일 뿐, 사실혼 관계가 해소되는 것에는 아무런 영향을 끼치지 못합니다.

따라서 상속과 관련해 다음과 같은 사건이 있었습니다.

사실혼관계에 있던 남녀 중 남자가 뇌졸중에 걸려 혼수상태에 빠졌습니다. 만약 남자가 사망할 경우 여자에게는 상속이 되지 않습니다. 아울러 일방의 사망으로 사실혼관계가 해소된 경우 재산분할청구권도 인정되지 않습니다. 그렇다면 홀로 남겨질지도 모를 여자는 어떻게 해야 할까요? 타인이 보기에는 야속할 수 있겠지만 여자는 일방적으로 사실혼관계를 파기하고 남자가 사망하기 전에 재산분할청구권을 행사해야 합니다.

혹자는 아픈 사람을 끝까지 지켜주지는 못할망정 일방적으로 사실혼관계를 파기하고 재산분할을 청구하는 여자가 이기적이고 냉정하다고 말할 수도 있겠지만 과연 냉정한 것인지 현명한 것인지는 개인의 선택에 맡기겠습니다. 다만, 제가 말씀드리고 싶은 것은 이런 방법도 있다는 것을 알려주기 위해서입니다. 알면서 하지 않는 것과 몰라서 못하는 것은 분명 다르기 때문입니다.

지금까지 사실혼관계에 관해 알아봤습니다. 혼인신고를 하지 않는 사실혼관계지만, 생각보다 많은 권리와 의무가 있습니다. 따라서 어떠한 사정 때문에 사실혼관계가 형성 중이라면 그에 따른 권리·의무를 정확히 알아야 좀 더 행복하고 풍요로운 관계를 형성할 수 있을 것입니다. 특히 앞서 말했던 재산분할청구권의 문제는 시간과의 싸움이 될 수도 있으므로 정확히 알고 신속하게 움직이는 것이 필요합니다.

불륜의 대가는 확실히 받고 도박채무는 버티는 것이 답이다

제14편

― 사회질서에 반하는 법률행위와 불법원인급여에 관해

'불륜', 다소 불편한 단어입니다. 간통죄의 폐지로 형사처벌 대상은 아니지만, 여전히 떳떳하지 못한 것은 사실입니다. 아울러 형사처벌 대상은 아니더라도 재판상 이혼사유에 해당하며 불륜상대의 배우자에게는 불법행위로 인한 손해배상도 해줘야 합니다.

불륜도 사랑이라며 항변하는 분이 있을지 모르지만, 이 자리에서 갑론을박하는 것은 적절하지 못해 보입니다. 다만, 확실한 것은 한국 사회에서 불륜은 아주 가까이 존재하고 있다는 것입니다.

정부 출연 연구기관인 '한국 여성정책 연구원'이 2016년 6월 성인남녀 2000명을 대상으로 조사해 발간한 보고서 '불륜, 외도에 대한 심층 분석'에 따르면, 남성 응답자 중 56.9%, 여성 응답자 중 12.5%가 결혼 후 불륜, 외도 경험이 있다고 합니다.

성매매, 소위 '원나잇', 부첩관계 유지 등 다양한 유형의 불륜이 있겠지만, 이는 결코 적은 수치가 아닙니다.

그런데 만약 부첩관계를 유지하는 조건으로 불륜 상대방에게 부동산을 주기로 계약한 경우, 그 계약이 법적 효력이 있을까요? 계약자유의 원칙을 강조해 그 효력을 인정하기에는 뭔가 개운치 않습니다. 그 효력을 인정하면 불륜을 조장하는 것처럼 느껴지기도 합니다. 그렇기 때문에 민법은 제103조에서 '선량한 풍속 기타 사회질서에 위반한 사항을 내용으로 하는 법률행위는 무효로 한다.'라고 규정하고 있습니다. 그렇다면 과연 '선량한 풍속 기타 사회질서에 위반하는 내용'은 무엇일까요? 이는 법관들이 재판을 하며 판단할 일이지만, 대체로 '도박채무, 뇌물을 주기로 한 약속, 부첩관계를 유지하기 위한 증여계약 등'입니다.

그러고 보니 이제는 마치 상식처럼 돼버린 '도박채무는 안 갚아도 된다.'고 할 때 그 근거조문이 민법 제103조입니다.

그렇다면 만약 부첩관계를 유지하기 위해 부동산을 준다는 계약이 무효인 줄 모르고 부동산 등기서류 등을 제공해 상대방이 등기까지 한 경우 돌려받을 수 있을까요? 또는 도박채무는 안 갚아도 된다는 사실을 모르고 돈을 갚았는데 억울한 생각이 들어, "내가 네게 빌린 도박 채무는 안 갚아도 되는 것인데 내가 그것을 모르고 갚았으니 다시 돌려줘."라고 할 수 있을까요?

정답은 '돌려받을 수 없다'입니다. 민법 제746조 본문은 '불법의 원인으로 인해 재산을 급여하거나 노무를 제공한 때에는 그 이익의 반환을 청구하지 못한다.'라고 규정하고 있습니다. 즉, 반사회적인 계약이지만, 이왕 급여가 이뤄진 경우에는 급부를 한 자가 이를 되찾는 것에 관해 법이 협조하지 않겠다는 것입니다. 그러나 비록 반사회적인 계약이지만, 그 원인이 **수익자**[1]에게만 있는 경우, **급여자**[2]는 반환을 청구할 수 있습니다. 잘못의 원인이 수익자에게만 있으므로 급여자가 제공한 것을 돌려받을 수 있도록 하는 것이 타당하기 때문입니다.

지금까지 민법 제103조 위반과 제746조와의 관계에 관해 알아봤습니다. 법은 장식품이 아니라 우리 실생활에 즉시 사용할 수 있는 도구입니다. 만약(이런 일이 있으면 안 되겠지만, 그래도 세상살이는 알 수 없습니다), 여러분이 불륜 관계 중인데 상대방이 나와의 불륜을 유지하기 위해 부동산을 준다는 경우 어떻게 해야 할까요? 또는 여러분이 도박채무가 있다고 하면 어떻게 해야 할까요? 전자의 경우에는 준다는 말만 믿지 말고 등기서류를 교부받아 등기까지 확실히 완료해 놓아야 할 것입니다. 또한 후자의 경우에는 끝까지 변제하지 않고 버티는 것이 현명할 것입니다.

---

1) 이익을 받은 자
2) 이익을 제공한 자

제15편 외모만으로 성인이라 판단하고 거래했다가는 낭패 보기 십상

— 미성년자와의 거래에 따른 법률효과

미성년자와의 거래는 뭔가 찜찜합니다. 미성년자와 거래 시 뭔가 불이익이 있는 것 같기는 한데 정확히는 잘 모르겠고, 그렇다고 미성년자와의 거래를 마냥 피할 수만은 없습니다. 때로는 억울하게도 내 의도와 무관하게 미성년자와 거래하는 경우도 있습니다. 외모와 옷차림만으로는 도저히 미성년자라는 생각이 들지 않는 사람도 있고, 때론 본인이 미성년자이지만 성년이라고 거짓말을 하는 경우도 있기 때문입니다. 더구나 인터넷을 통한 중고물품 거래를 할 때는 상대방이 미성년자라서 난처한 경우가 생기기 쉽습니다. 이번에는 미성년자와의 거래 시 그에 따른 법률효과에 관해 알아보겠습니다.

논의에 앞서 말씀드리고 싶은 것은 미성년자는 보호의 대상이라는 것입니다. 즉, 아직 미성숙한 인격체이기 때문에 법은 사적 자치라는 계약의 자유보다 미성년자 보호에 더 중점을 두고 있습니다. 아울러 분쟁 해결의 용이성을 위해 비록 어른보다 더 똑똑한 사람이라도 19세에 이르지 않은 경우, 일률적으로 미성년자로 취급합니다(물론 미성년자라도 결혼을 하면 '성년의제'라고 해 사법영역에서는 성년으로 취급하는 경우도 있지만, 이는 특수한 경우이므로 논외로 하겠습니다).

미성년자가 법률행위를 할 때는 원칙적으로 **법정대리인**[1]의 동의를 얻어야 합니다. 법률행위라고 하니 뭔가 거창해 보이지만, 물건을 사고파는 것도 '매매'라는 법률행위입니다. 아울러 제가 '원칙적'이라고 표현한 이유는 미성년자가 의무만을 면하거나 권리만을 얻는 행위, 법정대리인이 범위를 정해 처분을 허락한 재산의 처분행위, 미성년자가 법정대리인으로부터 영업의 허락을 받은 경우 그 영업에 관한 행위, 미성년자가 대리인이 되거나 독자적으로 임금을 청구하는 행위 등 법률상 미성년자가 단독으로 할 수 있는 행위를 규율하고 있는 경우가 있지만, 이는 어디까지나 예외적인 경우이기 때문입니다.

그런데 만약 미성년자가 법정대리인의 동의 없이 법률행위를 한 경우 그 법률행위는 미성년자 측이 취소할 수 있습니다(민법 제5조 제2항). 거래가 마음에 들면 미성년자 측이 그냥 넘어가는 것이고, 거래가 마음에 들지 않는다면 취소를 해 계약을 처음부터 없었던 것으로 할 수 있습니다. 여기서 주의해야 할 점은 취소권 행사는 미성년자 측에서만 할 수 있다는 것입니다. 즉, 미성년자와 거래한 성년은 거래를 취소할 수 없습니다.

---

[1] **미성년자의 법정대리인은** 일반적으로 친권을 행사하는 아버지 또는 어머니를 가리키며, 친권자가 사망 시 후견인을 의미

다행히 미성년자 측이 취소권을 행사하지 않는다면 아무 일이 없지만, 취소권을 행사하면 그 효과가 어떻게 될까요? 일반적으로 취소권을 행사하면 그 계약은 처음부터 무효가 됩니다. 계약이 무효가 되면 원칙적으로 민법상 부당이득의 법리에 의해 서로 받은 것을 돌려줘야 합니다. 이 경우, 민법은 당사자가 **선의**[2]인지, **악의**[3]인지에 따라 반환 범위를 달리 정하고 있습니다. 즉, 선의인 경우에는 받은 이익이 현존하는 한도에서, 악의인 경우에는 받은 이익에 이자를 붙이고, 손해가 있으면 손해까지 배상해야 합니다.

그러나 미성년자 측이 취소한 경우에는 일반적인 취소에 따른 효과와 다릅니다. 미성년자 측이 취소한 경우에는 그 행위로 인해 받은 이익이 현존하는 한도에서 **상환**[4] 할 책임이 있습니다(민법 제141조 단서). 즉, 미성년자가 자신이 미성년자인지 모르고 거래하는 경우는 없을 것입니다. 따라서 취소권을 행사해 부당이득반환을 해줘야 하는 경우, 악의자이므로 받은 이익에 이자를 붙이고, 손해가 있으면 손해 배상까지 해줘야 하는 것이 원칙이지만, 미성년자라는 이유로 취소하면 예외적으로 그냥 **현존이익**[5]만 돌려주면 되는 것입니다.

이해를 돕기 위해 예를 들면, 미성년자에게 돈을 주고 물건을 샀는데 미성년자 측이 미성년자임을 이유로 계약을 취소한 경우 성년은 돈을 주고 산 물건을 돌려줘야 합니다. 그렇다면 물건을 돌려줬

---

2) 어떤 사정에 관해 알지 못하는 것
3) 어떤 사정을 알고 있는 것
4) 갚거나 돌려줌
5) 어떤 사실에 의하여 받은 이익이 그 후 멸실·훼손·소비 등에 의해 감소한 경우 남아 있는 이익

으니 내가 지불한 돈을 그대로 돌려받아야 하는 것이 당연해 보이지만, 꼭 그렇지만은 않습니다. 미성년자가 물건의 대가로 받은 돈을 유흥비로 사용한 후 남은 돈이 있으면 남은 만큼, 모두 탕진하고 남은 돈이 없다면 한 푼도 받지 못합니다. 왜냐하면, 미성년자 측은 이익이 현존하는 상태에서만 상환해주면 되기 때문입니다. 이쯤 되면 미성년자와 거래한 상대방은 어이가 없을 것입니다. 무슨 법이 이러냐며 육두문자도 나올 상황입니다. 그러나 거래의 자유보다는 미성년자를 보호하는 것이 우리 법의 기본 태도이므로 이는 어쩔 수 없는 상황이라 할 것입니다. 그렇기 때문에 미성년자와의 거래는 더욱 더 주의를 요하는 것입니다.

그러나 아무리 생각해도 분통 터지는 일입니다. 거래의 자유보다 미성년자를 보호하는 것이 우리 법의 기본적인 태도라지만, 미성년자와 거래했다는 이유만으로 모든 것을 감수하기에는 속이 쓰립니다. 따라서 미성년자를 보호한다는 큰 테두리 내에서도 미성년자와 거래한 상대방을 보호하기 위해 민법은 몇몇 장치를 두고 있습니다. 다음에는 미성년자와 거래한 상대방을 보호하기 위한 민법 규정에 관해 알아보겠습니다.

미성년자에게 이대로 당할 수만은 없다

― 미성년자와 거래한 상대방 보호 방안

앞에서는 미성년자와의 거래에 따른 법률효과를 알아봤습니다. 취소권도 미성년자 측만 있고, 더구나 취소권 행사 시 미성년자 측은 현존이익만 돌려준다는 점에서 미성년자와 거래한 상대방 측은 불안정한 지위에 놓여 있습니다. 이에 민법은 미성년자와 거래한 상대방을 보호하기 위해 '확답을 촉구할 권리'(민법 제15조), '철회권과 거절권'(민법 제16조), '제한능력자의 속임수'(민법 제17조)라는 세 가지 특칙을 두고 있습니다. 이번에는 이러한 **특칙**[1]들에 관해 자세히 알아보겠습니다.

첫째, 확답을 촉구할 권리입니다.

거래 당시엔 미성년자였지만, 언제까지나 나이를 먹지 않고 평생 미성년자일 수는 없을 것입니다. 그렇기 때문에 미성년자가 성년자가 된 경우, 그에게 1개월 이상의 기간을 정해 취소할 수 있는 행위

---

1) '특별한 법칙'을 줄인 말

를 **추인**[2]할 것인지의 여부에 관해 확답을 촉구할 수 있습니다. 만약, 성년자가 된 미성년자가 그 기간 내에 확답을 발송하지 않으면, 그 행위를 추인한 것으로 보게 됩니다.

쉽게 말해, 미성년자가 나이를 먹어 성년자가 된 경우 그에게 1개월 이상의 기간을 정해 그 기간 내에 이 거래를 확정적으로 유효하게 할 건지 아니면 취소권을 행사해 무효로 할 것인지 알려달라는 것입니다. 그런데 그 기간 내에 답변이 없으면 그 거래는 확정적으로 유효하게 됩니다. 그렇다면 미성년자가 아직 성년이 되지 않은 경우에는 성년이 될 때까지 기다려야 할까요? 물론 그렇지 않습니다. 이 경우는 미성년자의 법정대리인을 상대로 언급한 내용의 확답을 촉구할 권리를 행사하면 되고 그 효과도 동일합니다. 즉, 미성년자가 성인이 된 경우에는 그를 상대로 확답을 촉구할 권리를 행사하면 되고, 미성년자가 아직 성인이 되지 않았다면 미성년자의 법정대리인을 상대로 확답을 촉구할 권리를 행사하면 됩니다.

둘째, 철회권과 거절권 행사입니다.

철회권은 미성년자와 거래한 상대방이 불확정적인 법률행위를 확정적으로 무효로 하는 행위입니다. 다만, 주의해야 할 점은 철회권을 행사하려는 사람은 계약 당시 상대방이 미성년자임을 몰랐어야 하고, 미성년자 측이 계약을 추인하기 전까지 철회권을 행사해야 합니다. 아울러 철회권 행사는 미성년자의 법정대리인에게 행사

---

[2] 일반적으로 어떤 행위가 있은 뒤에 그 행위에 관해 동의를 하는 것

해도 되고 미성년자에게 행사해도 됩니다.

거절권 역시 미성년자의 행위에 관해 그 상대방이 미성년자 측의 추인이 있기 전까지 행사하는 것으로, 거절권 행사 시 확정적으로 무효가 됩니다. 아울러 거절권도 미성년자의 법정대리인에게 행사해도 되고, 미성년자에게 행사해도 됩니다.

그렇다면 철회권과 거절권은 어떤 차이가 있을까요? 철회권은 계약일 때 행사하는 것이고, 거절권은 **상대방 있는 단독행위**[3]에서 행사하는 것입니다. 아울러 거절권은 철회권과 달리 미성년자임을 알고 있었던 상대방도 행사할 수 있습니다. 왜냐하면 단독행위이므로 미성년자 상대방은 그 의사를 받아들일 뿐이기 때문입니다.

셋째, 미성년자의 속임수로 인한 취소권의 배제입니다.

미성년자가 속임수로 자신을 성년자로 믿게 한 경우나 미성년자가 속임수로 법정대리인의 동의가 있는 것으로 믿게 한 경우, 미성년자 측은 그 행위를 취소할 수 없습니다. 아마 일상생활에서 가장 빈번한 경우일 것입니다. 다만, 판례는 미성년자의 보호를 위해 위 속임수를 엄격하게 해석합니다. 따라서 단지 '자기가 사장이라고 말한 행위', '자기가 어른이라고 말한 행위', '자기가 군대를 갔다 왔다고 말한 행위'만으로는 위 속임수에 해당하지 않습니다.

쉽게 말해 미성년자로부터 물건을 사려는데 아무래도 의심스러워 "너 미성년자 맞지?" 이렇게 물었는데, 상대방이 "무슨 말씀이세

---

3) 일방의 의사표시만으로 성립하는 법률행위를 단독행위라 하는데 그중 상대방이 있는 경우를 의미함(대표적인 경우로 취소, 해제, 추인 등)

요? 저 군대까지 갔다 왔어요." 이렇게 말해도 미성년자는 속임수를 쓴 것이 아니므로 나중에 마음이 바뀌어 미성년자 측에서 취소권을 행사해도 할 말이 없다는 것입니다. 다만, 미성년자가 인감증명서 등을 위조한 경우는 속임수를 쓴 것으로 평가합니다. 이 정도면 아무리 미성년자를 보호하고 싶지만 그 방법이 너무 심하니 미성년자 측도 할 말이 없겠죠.

지금까지 미성년자와 거래 시 그에 따른 상대방 보호방안에 관해 알아봤습니다. 거듭 강조하지만, 거래의 자유보다 미성년자를 더 보호하는 것이 민법의 태도이므로 아무래도 성년에게 불리할 수밖에 없습니다. 그렇지만 미성년자와 거래 후 마냥 손을 놓고 있을 수만은 없으므로 거래 후라도 상대방이 미성년자임을 알게 됐다면 확답요구권이나 철회권 등을 행사해 거래를 확실히 매듭짓는 것이 마음 편할 것입니다.

제17편   외상값을 받으러 갔는데 주인만 바뀌어있다면 어떻게 할까?

— 상호속용에 따른 영업상 채권자의 보호방법에 관해서

   국세청의 생활밀접업종 사업자 현황에 따르면, 2017년 1월 전국 일반주점 사업자는 전년대비 3,600개가 감소한 5만 5,761명으로 6.1% 줄었다고 합니다. 즉, 전국에서 하루에 10곳씩 문을 닫은 셈입니다. 그 이유로는 불황 탓이 가장 큰데, 지난 2월 주점업의 서비스업 생산지수는 70.5로 관련 통계를 작성한 이후로 가장 낮았습니다. 불황에 술집 대신 집이나 편의점 등에서 간단하게 술을 마시는 경우가 늘고 있고, 회식문화도 변하고 있기 때문인 것으로 파악됩니다.

   치킨집의 경우는 2016년 기준 프랜차이즈 가맹점만 2만 4,453개며 3,980개가 문을 열고, 2,793개가 문을 닫았습니다. 즉, 하루에 11개가 개업하면 8곳이 폐업한 셈입니다(아시아경제 2017년 4월 11일 기사 참조).

   불황의 여파 때문인지 문을 닫는 가게가 많습니다. 길을 걷다 보면 개업한 지 몇 달 지나지 않아 문을 닫거나 간판이 바뀐 가게를 종종 보게 됩니다. '가게를 새로 연다는 것이 쉬운 일은 아닐 텐데 오죽했으면 몇 달을 버티지 못하고 문을 닫았을까'라는 생각을 하면 안타까운 마음이 듭니다.

때론 가게의 상호나 인테리어에 주방장까지 그대로인데, 주인만 바뀐 경우도 있습니다. 사람들은 이 경우 가게를 인수했다고 표현하기도 합니다. 그런데 상법상으로는 이를 '영업양도'라고 합니다. 영업양도의 개념에 관해 견해대립은 있지만, 판례는 '일정한 영업목적에 의해 조직화된 유기적 일체로서의 기능적 재산인 영업재산을 그 동일성을 유지시키면서 일체로서 이전하는 채권계약'이라 정의하고 있습니다. 쉽게 말해, 물건 하나하나를 넘기는 것이 아니라 물적·인적 조직을 동일성을 유지하며 통째로 넘기는 것입니다.

그런데 이러한 영업양도가 있을 경우, 영업상 채권을 가진 사람은 어떻게 될까요? 가령 음식점에 재료를 납품해주는 사람이 어느 날 밀린 외상값을 받으러 갔더니 주인이 바뀌었으니 전주인에게 받으라고 합니다. 전주인이 연락이 되면 그나마 다행인데, 연락도 되지 않고 사는 곳도 모른다면 정말 난감할 것입니다. 따라서 상법 제42조 이하에는 영업양도에 따른 채권자 보호 등에 관해 규정하고 있는데, 이에 관해 알아보겠습니다.

영업상 채권자가 보호받기 위해서는 ① 영업양도가 있어야 하며 ② 채권자의 채권은 양도인의 영업활동과 관련된 것이어야 합니다. ③ 양수인이 양도인의 상호를 계속 사용해야 합니다. 왜냐하면 양수인이 동일한 상호를 사용했다면 채권자는 주인이 바뀌었는지 알지 못할 확률이 크고, 설혹 채권자가 주인이 바뀌었다는 것을 알았다 하더라도 동일 상호가 사용됨으로 인해 양수인이 영업상 채무까지 인수한 것과 같은 외관이 생기기 때문에 채권자를 보호해 주기 위해서입니다. 그런데 주의해야 할 점은 양수인이 양도인의 상호를 사용한다는 의미가 완전히 동일한 상호를 사용하는 것을 의미하지는 않고, 종전의 상호에 어떠한 문자나 어구를 부가했다고 하더라도 사회통념상 동일한 상호를 사용하는 것으로 평가되는 경우도 포함된다는 것입니다. 판례는 여기서 한 발 더 나아가 양수인이 **속용(屬用)**[1]하는 명칭이 상호가 아니라 **옥호(屋號)**[2]나 그 밖의 영업표지인 경우에도 그것이 영업주체를 나타내는 것으로 사용되는 경우에는 채권자가 주인이 바뀌었는지 용이하게 알 수 없으므로 양수인이 영업상 채무를 부담한다고 판시했습니다. ④ 만약, 양수인이 양도인의 상호와는 다른 상호를 사용했다 하더라도 예외적으로 양수인이 양도인의 채무를 인수했다고 광고한 경우에는 양수인이 영업상 채무를 부담합니다. ⑤ 채권자가 영업양도에 관한 사실을 알지 못했거나 영업양도 사실은 알았지만, 양수인이 채무를 인수하지 않았다는 것을 몰라야 합니다. 왜냐하면 상호를 속용하는 영업양수인에게 책임을 지우는 것은 채무승계가 없는 영업양도로 인해 자기의 채권추구 기회를 빼앗긴 채권자의 외관보호를 위한 것이므로 악의의 채권자는 이를 보호할 가치가 없기 때문입

---

1) 계속 이어 씀(즉, 영업양도에 따른 상호속용이란 양수인이 양도인의 상호를 그대로 쓴다는 의미)
2) 가게나 술집 등이 장사를 하는 집의 이름(참고로 상호라는 것은 상인이 영업을 할 때 자기 상점이나 회사를 표시하기 위해 쓰는 이름임. 즉, 상호가 옥호보다 좀 더 포괄적인 의미로 사용됨.)

니다.

 이상과 같은 요건이 갖춰지면 양수인은 양도인의 영업상 채무를 변제할 책임을 지며 설혹 양수인이 실제로는 채무를 인수하지 않았다는 사실을 증명하더라도 이 책임을 면할 수 없습니다. 물론 양도인도 당연히 책임지지만, 아무래도 채권자의 입장에서는 눈앞에 보이지도 않고 어디 있는지도 모르는 양도인에게 대금을 청구하는 것보다는 당장 눈앞에 있는 양수인에게 대금을 청구하는 것이 좀 더 수월할 것입니다.

 그렇다면 양수인이 양도인의 상호를 속용할 경우, 언제나 책임을 질까요? 물론 그렇지 않습니다. 양수인이 영업양도를 받은 후 지체 없이 양도인의 채무에 관해 책임 없음을 등기했거나 양도인과 양수인 양자가 양수인은 책임이 없다는 사실을 채권자에게 통지한 때에는 양수인은 책임을 면합니다.

 지금까지 상호를 속용한 영업양수인의 책임에 관해 알아봤습니다. 영업양수인의 입장에서는 양도인이 사용하던 상호를 그대로 사용한다는 것이 큰 부담일 수도 있다는 것을 아셨으면 좋겠습니다. 물론 영업상 채무인수 없이 상호를 그대로 사용할 경우, 그에 따른 책임을 지지 않는 방법까지 살펴봤습니다. 영업상 채권자의 입장에서도 어느 날 외상값을 받으러 갔는데 주인이 바뀌어 있어도 당황하지 마시고 침착하게 양수인에게 외상값을 청구하면 된다는 것을 아셨을 것입니다.

불황으로 인해 하루에도 몇 개의 가게가 없어지는 지금, 가게는 그대로나 주인만 바뀌어 있는 경우도 자주 있을 것입니다. 이 경우 제2편에서 배운 지식을 사용한다면 외상값과 관련해 좀 더 부드럽게 일 처리를 할 수 있을 것입니다.

비양심적인 개업에 대한 규제

제18편

– 영업양도에 따른 경업금지의무 위반에 관해

A 씨는 2015년 5월 B 씨로부터 치킨집을 인수하기로 했습니다. A 씨는 권리금 7,000만 원에 치킨집 시설물 일체와 배달용 오토바이 3대 등에 관한 권리를 양수하기로 한 후 B 씨와 계약을 체결하고 2015년 6월부터 가게를 운영했습니다. 그런데 2016년 1월에 B 씨는 A 씨의 치킨 집으로부터 약 2.48km 떨어진 곳에 또 다른 브랜드의 치킨집을 개업했습니다. 이에 A 씨는 B 씨의 치킨집 개업으로 인해 A 씨의 치킨집이 매출액 감소로 인한 재산상 손해를 입게 됐다며 소송을 냈고, 재판부는 B 씨에게 상법상 경업금지의무를 위반한 것이 인정되므로 일부 손해를 배상할 책임이 있다고 판시했습니다(뉴시스 2017년 10월 4일 기사 참조).

전편에서 영업양도의 개념에 관해 알아봤습니다. 영업양도는 영업재산뿐만 아니라 사실적인 관계(예를 들어, 단골손님 등)까지 양수인에게 이용하도록 하는 데 목적이 있으므로 양도인이 자신의 영업을 양도한 후에 다시 동종 영업을 하는 것은 영업양도의 취지에 어긋납니다. 양수인의 입장에서는 물적·인적 조직을 모두 인수했는데, 양도인이 인근에서 동종 영업을 하며 기존의 단골손님을 그대로 유치할 경우, 굳이 영업양도 계약을 한 실익이 없을 것입니다. 따라서 상법 제41조에서는 영업양도의 실효성을 꾀하고 양수인을 보호하기 위해 일정한 요건하에 양도인의 영업을 금지하는 의무를 부과하고 있는데, 이를 영업양도인의 경업금지의무라고 합니다. 이번에는 영업양도인의 경업금지의무에 관해 자세히 살펴보겠습니다.

우선 ① 시간적 범위와 관련해 양도인은 당사자 간에 별개의 약정이 없으면 10년간, 약정이 있으면 20년 범위 내에서 정해진 약정 기간만큼 동종영업을 할 수 없습니다. 물론 양도인의 경업금지의무를 면제하는 약정을 하는 것은 무방하지만, 규정의 취지상 경업금지기간이 20년을 초과하는 경우 초과하는 부분은 효력이 없습니다. 왜냐하면 헌법상 직업의 자유가 보장되는데 영업양도를 했다고 해서 20년을 초과하면서까지 동종영업을 할 수 없도록 하는 것은 너무 과한 제한이기 때문입니다.

② 장소적 범위와 관련해 양도인은 동일한 특별시·광역시·시·군 또는 인접 특별시·광역시·시·군에서 동종영업을 할 수 없습니다. 아울러 여기서 말하는 '동종'영업이란, 동일영업보다 넓은 개념으로서 양도한 영업과 경쟁관계 또는 **대체관계**[1]에 있는 영업도 포함됩니다.

---

[1] 한 재화를 소비하면 다른 재화는 그 만큼 덜 소비가 돼 어느 정도까지는 서로 대체될 수 있는 관계

마지막으로 ③ 인적범위와 관련해 경업금지의무는 스스로 동종영업을 하거나 제삼자를 내세워 동종영업을 하는 것도 금지됩니다. 즉, 사업체 명의자는 다른 사람으로 돼 있어도 실질적으로 양도인이 영업을 하는 경우도 경업금지의무에 위반됩니다.

이러한 요건을 충족해 양도인이 경업금지위무를 위반하면 양수인은 양도인의 채무불이행을 이유로 강제이행의 한 방법으로써 양도인의 비용으로 위반한 결과를 제거할 것을 법원에 청구할 수 있습니다. 아울러 양도인의 영업으로 인해 양수인에게 손해가 생겼다면 강제이행과 별개로 양수인은 양도인에게 손해배상을 청구할 수 있으며, 만약 양수인이 영업양도대금을 회수하고 싶다면 영업양도계약을 해제하고 대금 반환을 청구할 수도 있습니다.

지금까지 영업양도에 따른 양도인의 경업금지의무와 그 위반에 따른 효과를 알아봤습니다. 그런데 주의해야 할 점은 양도인이 상인인 경우에만 영업양도에 관한 규정을 적용할 수 있습니다. 즉, 상인이 아닌 자가 사업을 양도하면 위에서 설명한 영업양도에 따른 규정을 적용받지 않습니다. 판례에 의할 때 농업협동조합이 그 조합원에게 도정공장을 양도한 사안에서 '농업협동조합을 상인이라 할 수 없고, 따라서 농업협동조합이 도정공장을 양도했다 하더라도 농업협동조합은 양수인에 관해 상법 제41조에 의한 경업금지의무는 없다.'고 판시했으니 주의해야겠습니다.

'사필귀정' 또는 '자업자득'이라는 사자성어를 알고 계실 것입니다. 우리말로 표현하면 '뿌린 대로 거두리라' 정도가 적당할 듯합니다. 참고로 처음에 소개드린 사건에서 B 씨는 경업금지의무 위반으로 A 씨에게 1,200만 원을 배상하라는 판결이 나왔습니다. 아무리 먹고 살기 힘든 세상이라지만 기본적으로 지킬 것은 지키면서 사는 세상이 됐으면 좋겠습니다.

기간 내에 행사해야
내 권리를 챙길 수 있다

- 소멸시효의 개념 및 소멸시효기간

금융감독원은 앞으로 금융회사 및 대부업자들이 빌려준 돈을 회수할 때 해당 채권의 소멸시효가 완성됐는지 여부를 채무자에게 반드시 알려주는 것을 내용으로 하는 '채권추심업무 가이드라인' 개정안이 2017년 11월 7일부터 1년간 연장 시행된다고 밝혔습니다. 즉, 개정안에 따르면, 금융사들은 채권추심에 들어가기 3영업일 전에 채무자의 이메일, 우편 또는 휴대폰을 통해 채권의 소멸시효 완성여부를 비롯해 원금과 이자 등을 포함한 채무 총액, 채무 불이행 기간, 채무 변제 방법, 문의 방법 등을 안내해야 한다고 합니다(머니투데이 2017년 11월 6일 기사 참조).

'소멸시효'는 기사나 뉴스 등에서 자주 접할 수 있지만 그 개념이나 주의사항에 관해선 잘 모르고 지나치는 경우가 많습니다. 특히, 소멸시효는 채권 행사에 직접적인 영향을 미치므로 꼭 알아 놓아야 할 것입니다. 그렇지 않으면 자신의 권리가 사라지거나, 갚지 않아도 될 돈을 갚아야 하는 경우가 생길 수도 있습니다. 이번에는 두 편에 걸쳐 소멸시효의 개념 및 소멸시효기간과 소멸시효 중단방법 그리고 소멸시효 이익의 포기 효과에 관해 알아보겠습니다.

소멸시효란, 권리자가 권리를 행사할 수 있음에도 불구하고 권리를 행사하지 않는 상태가 일정 기간 계속되면 그 권리를 소멸시키는 제도로써 민법 제162조 이하에서 규정하고 있습니다. 아울러 일정 기간이 지나 권리가 소멸되면 '소멸시효가 완성됐다.'라고 표현합니다. 일반적으로 '남의 돈 빌려놓고 십 년이 지나면 갚지 않아도 된다.'고 말하는데 그 말이 마냥 허튼 소리는 아닌 것입니다(물론 언제나 통용되는 이야기도 아닙니다). 돈을 빌려준 사람의 입장에서는 조금 억울할 수도 있는 노릇입니다. 하지만 소멸시효의 인정 취지는 채무 변제의 증거를 잃은 채무자를 보호하며, 채권자는 자신의 권리를 충분히 행사할 기회가 있었지만, 행사하지 않은 것에 대한 제재이기 때문에 억울한 면이 있어도 어쩔 수 없습니다.

그런데 소멸시효에 관해 설명을 하며 '권리 불행사가 일정 기간 계속 돼야 소멸시효가 완성된다.'라고 말씀드렸습니다. 이때 주의해야 할 점은 일정 기간이 채권의 종류마다 다르다는 것입니다. 즉, 일반적인 민사 채권은 채권자가 10년간 권리를 행사하지 않으면 소멸시효가 완성됩니다. 그러나 상행위로 인해 생긴 채권(상사채권)은 채권자가 5년간 권리를 행사하지 않으면 소멸시효가 완성됩니다. 다만, 상행위로 인해 생긴 채권이라도 다른 법령에 이보다 단기의 시효규정이 있는 경우에는 그 규정에 의합니다. 예를 들어, 상인이 물건을 판매한 대가의 경우 상행위로 인한 채권이므로 5년 내로 대금을 청구할 수 있어 보이지만, 민법 제163조 6호에는 상인이 판매한 상품의 대가는 3년간 행사하지 않으면 소멸시효가 완성된다고 규정돼 있습니다. 따라서 3년 내로 대금을 청구하지 않으면 소멸시효가 완성됩니다.

소멸시효가 완성되기 위한 기간이 이렇게 3개로만 나눠져 있다면 참 좋을 텐데 그렇지 않습니다. 10년이나 5년 또는 3년보다 더 짧은 것이 많습니다.

민법 제163조와 제164조에서는 소멸시효가 완성되기 위해 3년의 기간이 필요한 채권과 1년의 기간이 필요한 채권의 종류를 나열하고 있습니다(위에서 소개한 조문 내용을 기계적으로 지면에 옮겨 적는 것은 지면의 한계 상 비효율적인 것 같아 생략하겠습니다. 궁금하신 분은 민법 제163조와 제164조를 검색해 보시기 바랍니다).

예를 들어, 일상생활에서 많이 접하는 것으로써 음식을 외상으로 판 후 외상값은 1년이 지나면 받지 못합니다. 그렇기 때문에 음식점 주인은 1년 내에 이를 받아야 할 것입니다. 소멸시효제도를 몰랐거나 소멸시효 기간을 잘못 알아서 돈을 받지 못하면 얼마나 억울하겠습니까? 그렇기 때문에 소멸시효제도는 꼭 알아 놓아야 할 것입니다. 물론 소멸시효를 중단시키는 방법도 있습니다. 만약, 소멸시효를 중단시키는 방법이 없다면 돈을 빌려 놓고 채무자가 10년이나 5년 동안 안 갚고 버티면 채권자가 채권을 상실하게 되는데, 이것은 누가 봐도 부당하기 때문입니다.

 다음 편에서는 소멸시효를 중단시키는 방법 및 소멸시효이익의 포기 효과에 관해 알아보겠습니다.

제20편 어설프게 갚으면 갚지 않아도 될 돈까지 갚는다
– 소멸시효의 중단과 시효이익의 포기

전편에서는 소멸시효의 개념과 소멸시효 기간에 관해 말씀드렸습니다. 요약하면 소멸시효 기간이 지나 소멸시효가 완성되면 채권이 상실되므로 그 전에 권리를 행사하는 것이 중요합니다. 이번에는 권리를 행사하는 방법에는 무엇이 있으며, 권리를 행사했을 경우 어떤 효과가 있는지, 아울러 시효이익의 포기란 무엇인지에 관해 알아보겠습니다.

소멸시효의 중단사유는 민법 제168조에 다음과 같이 규정돼 있습니다.
1. 청구
2. 압류 또는 가압류, 가처분
3. 승인

청구란 시효의 대상인 권리를 재판상 또는 재판 외로 행사하는 것을 의미하며, 청구의 유형으로는 재판상청구, 파산절차참가, **지급**

명령[1], 화해를 위한 소환 내지 임의출석, **최고**[2] 등 다섯 가지 유형이 있습니다. 다만, 최고의 경우 주의해야 할 것은 최고를 한 후에 반드시 6월 내에 재판상 청구 등을 해야 최고 시에 시효중단의 효과가 발생합니다.

압류란 금전채권의 실현을 확보하기 위해 집행기관이 확정판결 기타 집행권원에 기해 채무자의 재산처분을 금하는 강제처분이고, 가압류란 금전채권 또는 금전으로 환산할 수 있는 채권의 집행을 보전하기 위해 채무자의 일반재산의 현상유지를 목적으로 하는 보전처분을 의미합니다. 가처분이란, 특정물에 대한 청구권을 가지는 채권자가 장래의 집행을 보전하기 위해 채무자의 처분을 금하고 그 보전에 필요한 조치를 취하는 것을 말합니다.

승인이란, 소멸시효가 완성되면 이익을 받을 채무자가 소멸시효의 완성으로 권리를 상실하게 될 자에 관해 그 권리가 존재함을 인식하고 있다는 것을 표시하는 것을 의미합니다. 쉽게 말해 '내가 너에게 빚이 있는 것을 나도 알고 있다.'라고 표시하는 것입니다.

살펴본 소멸시효의 중단사유를 채권자가 행사시에는 소멸시효가 중단됩니다. 소멸시효가 중단되면 지금까지 진행한 시효기간은 모두 소멸하고 다시 처음부터 소멸시효의 기간이 진행됩니다. 가령

---

[1] 금전 기타의 대체물 또는 유가증권의 지급을 목적으로 하는 청구로써 채권자의 신청이 있으면 채무자를 심문하지 않고 채무자에게 그 지급을 구하는 재판
[2] 권리자가 재판 외에서 의무자에 관해 의무의 이행을 청구하는 것으로, 아무런 형식을 요하지 않음.

소멸시효 기간이 10년인 일반 민사채권이 있는 경우, 돈을 받기로 한 날로부터 5년이 지나 채권자가 채무자에게 돈 갚으라는 소송을 제기하면 지금까지 진행한 5년의 시효기간은 소멸하고 그 판결이 확정된 날로부터 다시 10년의 시효기간이 진행하는 것입니다. 이때 주의해야 할 점은 시효가 완성되기 전에 시효중단 사유를 행사해야지, 시효가 완성된 후 행사하는 것은 의미가 없습니다.

여기까지는 다소 채권자를 위한 설명이 주를 이뤘습니다. 즉, 채권자의 입장에서는 소멸시효가 완성되면 빌려준 돈을 받지 못해 억울한 기분이 드니 소멸시효가 완성되기 전에 권리행사를 하자는 쪽으로 내용이 집중됐습니다. 그러나 소멸시효와 관련해 채무자도 주의해야 할 점이 있습니다. 만약, 소멸시효가 완성됐다면 이왕 소멸시효가 완성된 것이므로 확실하게 그 혜택(?)을 누리기 위한 주의사항입니다.

소멸시효가 완성됐으면 그냥 독한 마음 갖고 모른 척해야 합니다. 소멸시효가 완성됐지만, 돈을 갚은 경우 또는 일부만 변제한 경우에는 낭패를 볼 수도 있습니다.

왜냐하면 판례에 따를 때 채무자가 소멸시효 완성 후 채무를 (일부) 변제한 때에는 그 액수에 관해 다툼이 없는 한, 그 채무 전체를 묵시적으로 승인한 것으로 보며, 이 경우 시효완성 사실을 알고 그 이익을 포기한 것으로 추정합니다(이를 '시효이익의 포기'라 표현합니다). 예를 들어, 100만 원의 채무가 있는 채무자가 소멸시효 완성 후 100만 원을 갚으면 채무자는 소멸시효가 완성돼 돈을 갚을 필요가 없음에도 불구하고 돈을 갚은 것으로 추정된다는 것입니다. 만약 소멸시효가 완성된 100만 원의 채무 중 40만 원만 변제한 경우에는 나머지 60만 원에 관해서도 소멸시효 완성에 따른 시효이익을 포기한 것으로 추정해 60만 원에 관해선 다시 그때부터 소멸시효가 진행되는 것으로 봅니다. 평범한(?) 사람이라면 소멸시효가 완성돼 내 채무가 사라졌으면 돈을 갚지 않으려고 하는 것이 보통이며, 만약 돈을 갚았다면 소멸시효가 완성됐음을 모르고 갚았다고 보는 것이 일반인의 감정에 부합할 것인데, 법원은 이를 달리 보는 것입니다. 더구나 일부만 변제해도 나머지 채무 전부에 관해 시효이익을 포기한 것으로 보므로 채무자 입장에선 주의가 필요한 부분입니다.

소멸시효에 관한 법리를 적용해 처음에 소개한 기사가 나온 배경을 설명드리면 가령 금융회사나 대부회사에서 채무자에게 소멸시효가 완성된 채권에 관해 갚을 것을 요구합니다. 소멸시효가 완성됐으면 채무자가 돈을 갚을 필요가 없는데 금융회사나 대부회사에서 소멸시효가 완성됐음을 설명하지 않고 무작정 돈을 갚으라고 하는 것입니다. 이에 채무자가 돈을 갚으면 그 변제는 유효하게 됩니다. 즉, 나중에라도 소멸시효가 완성된 것을 알게 된 채무자가 '소멸시효가 완성된 채권인지 모르고 갚았으므로 내가 준 돈을 돌려달라'라고 해도 금융회사 등은 돈을 돌려줄 필요가 없습니다. 그렇기 때문에 금융감독원은 채무자를 보호하기 위해 채권의 소멸시효가 완성됐는지의 여부를 금융회사 등이 채무자에게 알려주도록 하는 가이드라인을 만든 것입니다.

지금까지 소멸시효에 관해 간략하게 알아봤습니다. 간략하게 소개를 해드린다고 했지만, 일상생활에 가까운 법리이므로 양도 많고 중간 중간에 나오는 용어도 생소한 경우가 있을 것입니다. 그렇지만 '아차' 하는 사이에 내 재산이 사라질 수 있고, 의도하지 않게 갚지 않아도 될 돈까지 갚아야 할 경우가 생길 수 있으므로 미리 알아 놓아야 불의의 타격을 입는 경우를 예방할 수 있을 것입니다.

제2장

형사법 영역

때론 죄가 되는지 몰라 죄를 짓는 경우도 있습니다. 길에서 지갑을 주워 운수좋은 날이라 생각했는데 점유이탈물횡령죄로 처벌받거나 상대방 손가락 하나 건드리지 않았는데 폭행죄로 처벌받을 수도 있습니다. 미리 알아 놓은 사소한 법률지식이 당신의 형사처벌 유무를 좌우할 수도 있으므로 범법자가 되는 위험을 피하기 위한 지식을 함께 살펴보겠습니다.

제1편 형법에서는 사람이나 민법에서는 사람이 아닐 수도 있다

– 민법과 형법에 있어 사람의 시기(始期)

　공자의 제자인 사마우가 인(仁)이 무엇인지 공자에게 물었습니다. 그러자 공자가 대답하기를 '말을 참아 신중하게 하는 것'이라고 대답했습니다.
　공자의 다른 제자인 번지가 인에 관해 묻자, 공자는 '사람을 사랑하는 것'이라고 대답했습니다.
　공자의 또 다른 제자인 안회가 인에 관해 묻자, 공자는 '자기를 이겨 예로 돌아가는 것'이라고 대답했습니다.
　사마우는 말이 많고 조급한 성품이 있기 때문에 공자는 그에 맞게 답을 해준 것이며, 다른 제자들에게도 각기 그들의 성품과 지적 능력에 맞게 인에 관해 설명한 것입니다. 제자의 성품과 능력에 맞게 각기 다른 설명을 하는 공자의 배려가 돋보입니다. 한편으로는 '인'이라는 다소 추상적이며 관념적인 개념에 관해 설명하기 때문에 사람에 따라 다른 정의를 내리는 것이 가능하다고 생각할 수도 있습니다. 그러나 법에서도 필요에 의해 그 개념이 상대적인 경우가 있습니다. 그것도 명사인 '사람'에 관해서 그러합니다. 무엇보다 개념이 정확해야 논리적으로 풀어나갈 수 있을 것 같은 '법'에서 사람의 의미가 상대적이라는 것에 관해 의아해 하는 분도 있을 것입니다. 이번에는 과연 대한민국 민법과 형법에서 사람의 의미가 어떻게 다른지 살펴보겠습니다.

민법전이나 형법전에는 '사람'이라는 표현이 자주 등장합니다. 민법 제3조에는 '사람은 생존한 동안 권리와 의무의 주체가 된다.'라고 규정돼 있고, 형법 제250조에는 '사람을 살해한 자는 사형, 무기 또는 5년 이상의 징역에 처한다.'라고 규정돼 있습니다.

그런데 민법전이나 형법전 어디에도 언제부터 사람으로 보는지에 대한 규정이 없습니다. 따라서 언제부터 사람으로 볼 것인지에 관해 견해가 대립하지만 민법에서는 대체로 태아가 모체로부터 완전히 분리됐을 때, 즉 전부 노출됐을 때부터 사람으로 봅니다. 왜냐하면 물리적으로 구별이 확실하므로 분쟁의 소지를 없애기 위해서입니다.

그렇다면 형법은 어떨까요? 형법에서는 규칙적인 진통을 동반할 때부터 사람으로 봅니다. 즉, 규칙적인 진통이 있다면 아직 태어나지 않았어도 사람으로 보는 것입니다. 일반적으로 생각하는 '사람'이라는 개념과 조금 다르지만, 생명을 조기에 보호하기 위해 사람으로 보는 시기를 앞당긴 것입니다.

그렇다면 이젠 방송인이 된 서장훈 씨가 티비에서 늘 하던 말처럼 '그것이 과연 무슨 의미가 있냐고….' 물론 큰 의미가 있습니다.

왜냐하면 형법은 낙태죄와 살인죄를 다르게 처벌하기 때문입니다. 즉, 낙태죄는 형법 제269조 제1항에 규정돼 있는 바와 같이, 1년 이하의 징역 또는 200만 원 이하의 벌금에 처합니다. 위에서 언급한 살인죄에 비해 현저히 낮은 형량입니다. 이해를 돕기 위해 예를 들어보겠습니다.

임부가 산부인과에 갔습니다. 그런데 의사가 실수로 임부 뱃속의 태아를 죽입니다. 만약, 임부가 규칙적인 진통이 있었다면 의사는 실수로 사람을 죽였으니 업무상과실치사죄가 됩니다. 그런데 만약 임부가 규칙적인 진통이 없었으면 의사는 실수로 낙태를 한 것인데, 과실 낙태는 형법상 처벌을 하지 않습니다. 즉, 형법상 무죄입니다. 분명 아기는 뱃속에 그대로 있었을 뿐인데 임부가 진통을 느꼈는지의 여부에 따라 한쪽은 업무상과실치사죄가 되고, 한쪽은 형법상 무죄가 되니 그 차이는 매우 큽니다.

'君子不器'(군자불기)

논어에 나오는 말로, 직역하면 '군자는 그릇이 아니다.'라는 뜻입니다. 이 말의 의미는 군자는 그릇처럼 한 가지 용도에 쓰이는 사람이 아니라 두루두루 모든 상황에 원만히 대처해야 한다는 뜻입니다. 이러한 사람이 되기 위해서는 편협한 마음을 버리고 넓은 포용력과 상대를 이해하는 이해심 등이 필요할 것입니다. 기준이 엄격해야 하는 법에서, 더구나 보통명사에 관해서도 개념이 상대적인데, 어떤 현상에 관해 무조건 자기만 옳다고 목청을 높이는 사람을 보면 군자까지 바라지는 않더라도 씁쓸한 마음이 드는 것은 어쩔 수 없습니다.

제2편 사랑에 국경은 없어도 나이는 있을 수 있다

- 미성년자의제강간죄에 관해

얼마 전에 초등학교 여선생님이 자신이 근무하던 초등학교 고학년 남학생과 수차례 성관계를 가진 사실이 발각돼 세상이 소란스러웠던 적이 있었습니다. 그 선생님은 도교육청 징계위원회에서 파면이 결정됐습니다. 선생님으로서의 윤리의식 등은 논외로 하고, 여기에서는 미성년자와의 성행위에 관한 법적인 관점만 논의해보겠습니다.

많은 분들이 미성년자와의 성행위에 관해 오해를 하고 있는 것 같습니다. 어떤 분들은 미성년자와의 성행위는 무조건 처벌받는다고 생각하고 있고, 어떤 분들은 서로 합의하에 성행위를 하면 미성년자라도 괜찮다고 생각하고 있습니다.

다시 한 번 말씀드리지만 이 글에서는 미성년자와의 성행위에 관해 도덕적 관점에서 접근하는 것이 아니라 순전히 법적 관점에서만 접근하고자 합니다. '미성년자와의 성행위'라는 표현 자체가 눈살을 찌푸릴 수도 있겠지만, '법은 최소한의 도덕'이라는 말이 있듯이, 생활 속에서 적어도 이 부분 만큼은 알고 있었으면 좋겠습니다.

결론부터 말씀드리면 아무런 대가 없이 서로 좋아서 성행위를 한다면 상대방이 미성년자라도 법에 저촉되지 않습니다. 단, 미성년자라도 13세 미만이면 형법 제305조 전단에 의해 '미성년자의제강간죄'로 처벌을 받습니다. 즉, 13세 미만인 사람이 성행위에 동의했다고 하더라도 처벌받게 됩니다. 13세 미만의 미성년자는 아직 성적으로 성숙하지 못해 성적 동의 능력이 없다고 판단해 법이 일률적으로 보호하기 위해서입니다.

따라서 미성년자의제강간죄를 저지른 사람들이 주로 하는 "서로 합의하에 성행위를 했다." 또는 "서로 사랑해서 성행위를 했다."는 등의 변명은 형사처벌 유무에 있어서는 아무런 의미가 없습니다. 물론 성행위에 이르게 된 과정, 상대방의 지적 인식 능력 등 제반 사정을 고려해 동의 여부가 양형 참작 사유는 될 수 있을지언정 형사처벌의 대상임은 분명합니다(참고로 미성년자의제강간죄의 경우, 법정형은 강간죄와 같지만, 대법원 양형 기준에 따르면, 폭행과 협박이 동반된 13세 미만 미성년자에 대한 성폭행은 징역 8~12년이지만, 미성년자의제강간의 경우는 징역 2년 6월~5년으로 낮아집니다).

혹자는 인터넷 매체의 활성화 및 미성년자의 신체 발육의 발달 등을 이유로 13세 미만 미성년자의 성적 자기 결정권을 인정하지 않는 미성년자의제강간죄에 관해 부정적인 반응을 보이기도 합니다. 만약, 국민 대다수가 그런 생각을 해 이에 대한 공감대를 형성한다면 미성년자의제강간죄가 없어지거나, 해당 연령이 더 낮아질 수 있을 것입니다. 간통죄가 위헌 판결을 받아 사라졌듯이 법은 언제든지 바뀔 수 있기 때문입니다. 다만, 그 법이 사라지기 전에는 실정법 테두리 내에서 그 법을 준수하고 지키려고 노력해야 할 것입니다.

아울러 항상 명심해야 할 점은 아동·청소년은 보호받아야 할 대상이라는 것입니다. 그렇기 때문에 최소한의 도덕이라는 법조차도 가장 내밀한 성적 영역에 관해 간섭하는 것임을 다시 한 번 강조드립니다.

예고 없이 찾아오는 범죄의 유혹

― 절도죄와 점유이탈물횡령죄에 관해

　맹자의 제자 공손추가 맹자에게 묻기를 '선생님이 제나라 재상이 되시면 제나라를 패권국으로 만드실 것인데, 그러면 선생님의 마음이 흔들릴까요?' 이러자 맹자가 답변하기를 '나는 마흔이 되며 부동심(不動心)을 가졌다.'라고 말했습니다. 아울러 공자도 나이 마흔을 '불혹'이라 표현했습니다. 그 당시의 평균 나이와 지금의 평균 나이를 비교해볼 때 실질적으로는 지금보다 더 많은 나이일 수는 있겠지만, 마흔이 되기까지 끊임없는 수양을 거쳐 어떤 경우에도 흔들리지 않는 경지에 이르게 되었다는 성인들의 말씀이 존경스럽습니다.

　그러나 평범한 일반 사람들은 마흔이 돼도 마음을 간수하기가 어려울 것입니다. 특히, 갑자기 찾아오는 범죄의 유혹에는 많은 내적 갈등을 겪을 수 있습니다. 그 대표적인 경우가 형법 제360조가 규정하고 있는 점유이탈물횡령죄입니다. 쉽게 말해, 길에서 주인이 떨어뜨린 지갑 등을 주워 갖는 것을 처벌하는 것입니다. 물론 지갑이나 귀금속 등을 주웠을 때 주인을 찾아주기 위해 가까운 파출소 등에 맡기는 것이 정답이겠지만, 인생을 정답으로만 사는 것이 때로는 그리 쉬운 일은 아닐 것입니다.

대부분 사람들이 절도죄는 범하기를 망설이면서도 점유이탈물횡령죄는 쉽게 범합니다. 아마 절도는 적극적으로 남의 것을 훔친다는 생각이 드니 꺼려지겠지만, 점유이탈물횡령죄는 우연히 주웠다는 생각에 마음의 부담을 덜기도 하며, 때로는 운이 좋았다고 생각하기도 합니다. 물론 법적으로도 절도죄는 '6년 이하의 징역 또는 1천만 원 이하의 벌금'에 처하지만 점유이탈물횡령죄는 '1년 이하의 징역이나 300만 원 이하의 벌금 또는 과료'에 처하는 것처럼 형량도 절도죄에 비해 훨씬 낮습니다.

그런데 사람들은 주웠다고 생각하는데 점유이탈물횡령죄가 되지 않고, 예상 밖에 절도죄가 되는 경우도 있습니다. 예를 들어, 판례에 의할 때 게임방에서 손님이 흘리고 간 핸드폰을 다른 손님이 주워서 갖고 간 경우 또는 당구장에서 손님이 흘린 반지를 당구장 종업원이 주워서 당구장 주인에게 얘기하지 않고 가진 경우입니다.

점유이탈물횡령죄는 점유자의 의사에 의하지 않고 점유를 떠난 타인소유의 물건을 가졌을 때 처벌하는 범죄인데, 위에서 예를 든 경우에는 각각 게임방 주인, 당구장 주인에게 핸드폰, 반지에 대한 점유를 인정했기 때문에 점유이탈물횡령죄가 아니라 절도죄가 되는 것입니다.

이 글을 읽으시는 독자의 입장에서는 조금 의외일 것입니다. 핸드폰이나 반지가 가게 사장 것도 아니고 각 물건의 주인이 흘리고 간 것을 주웠는데 왜 절도죄가 되지?

그런데 형법상 '점유'라는 것은 물리적인 개념이 아니라 다소 관념적이며 사회적인 개념입니다. 가령 주차장에 주차된 승용차의 경우, 차주가 바로 옆에 있는 것이 아니어도 차주의 점유로 인정됩니다. 즉, 점유의 개념이 확대된 경우입니다. 이와 반대로 점유의 개념이 축소된 예를 들면, 음식점에서 비록 손님이 식기를 갖고 있어도 손님의 점유가 아니라 음식점 주인의 점유로 인정됩니다.

따라서 위에서 예를 든 경우 점유의 개념이 확대돼 게임방 주인이나 당구장 주인에게 점유가 인정돼 각각 절도죄가 되는 것입니다.

그렇다면 지하철 전동차 바닥이나 선반 위에 승객이 놓고 간 물건을 다른 승객이 주웠을 경우에는 어떻게 될까요? 이 경우에는 절도죄가 아니라 점유이탈물횡령죄입니다. 이제 그 이유를 아시겠죠? 지하철 승무원은 승객이 놓고 내린 물건에 대한 점유자로 볼 수 없기 때문입니다.

법적인 개념을 떠나 다소 이해하기 쉽게 제 나름대로 정리하면 게임방이나 당구장에서 물건을 잃어버렸을 경우, 잃어버린 사람은 게임방 주인이나 당구장 주인에게 가서 '제 물건 본 적 없습니까?' 라며 물어볼 것입니다. 따라서 사회적 관념으로 가게 주인에게 잃어버린 물건의 점유가 인정되는 것입니다. 그런데 지하철 전동차에서 물건을 잃어버렸을 경우 지하철 전동차 운전사에게 가서 '제 물건 본적 없습니까?'라고 물어보는 경우는 없을 것입니다. 그렇기 때문에 이 경우에는 지하철 승무원에게 점유가 인정되지 않는 것입니다.

당구장에서 물건을 주운 것이든, 지하철 전동차에서 물건을 주운 것이든 주운 사람의 입장에서는 비슷해 보이지만, 이토록 다른 법리가 적용됩니다. 아울러 절도죄와 점유이탈물횡령죄는 형량에서도 차이가 많이 나기 때문에 미리 알아 놓는 것이 좋습니다. 물론 절도죄에 해당하는 상황이면 줍지 말고, 점유이탈물횡령죄에 해당하는 사항이면 주워도 된다는 말은 절대 아닙니다. 평소 부단한 수양을 통해 타인의 물건을 주웠을 때 마음속에 일말의 흔들림이 없어야 하며, 단지 제가 여태 말씀드린 것은 상식적인 차원에서 말씀드린 것임을 명심해야 할 것입니다.

양날의 검과 같은 친고죄의 고소

제4편

— 친고죄에서 고소 시 주의점

친고죄에 관해 구체적으로는 몰라도 한 번쯤은 들어봤을 것입니다. 친고죄란, 쉽게 말해 피해자나 기타 법률이 정한 자(가령 **법정대리인**[1])의 고소가 있어야만 검사가 공소를 제기할 수 있는 범죄를 말합니다. 친고죄를 제정한 이유는 피해자의 명예를 중시 여기거나 가해자와 신속한 합의를 유도하기 위해서입니다. 2013년 성폭력 범죄의 처벌 등에 관한 특례법과 형법 등이 개정돼 성범죄 관련 친고죄 조항이 삭제됐습니다. 그러나 아직도 모욕죄, 사자명예훼손죄, 비밀누설죄 등은 친고죄로 돼 있으므로 친고죄에 관해 좀 더 알아볼 필요가 있습니다.

위에서 언급했듯이 친고죄는 피해자가 고소를 해야 검사가 공소를 제기할 수 있습니다. 그렇지만 아무런 기간 제한 없이 언제까지나 고소를 허용할 수는 없습니다. 만약, 이를 방치해 놓으면 피해자

---

1) 법률의 규정에 의해 대리권이 발생하는 대리인

의 자의에 의해 국가의 형벌권이 장기간 좌우될 수 있기 때문입니다. 따라서 형사소송법은 친고죄의 고소 기간을 정해 놓고 있습니다. 형사소송법 제230조 제1항에서 '친고죄에 관해서는 범인을 알게 된 날로부터 6월을 경과하면 고소하지 못한다. 단 고소할 수 없는 불가항력의 사유가 있는 날에는 그 사유가 없어진 날로부터 기산한다.'라고 규정하고 있습니다.

즉, 일반적인 고소 사건과 달리, 친고죄는 고소 기간의 제한이 있다는 것을 주의해야 합니다. 고소를 할지, 말지를 고민하다 범인을 알게 된 날로부터 6월이 지나면 다시는 고소를 할 수 없게 됩니다. 물론 단서 조항에 의해 불가항력 사유가 있으면 그 사유가 없어진 날부터 기산하지만, 이는 예외적인 경우입니다. 단서 조항과 관련된 판례를 살펴보면 '피해자가 나이가 어려 범행을 당할 때 **고소 능력**[2]이 없다가 그 후에 비로소 고소 능력이 생겼다면 고소 능력이 생긴 때로부터 고소 기간이 기산된다.'라는 경우 등이 있습니다.

많은 분들이 친고죄는 피해자의 고소가 있어야 검사가 공소를 제기할 수 있다는 것만 알지, 고소 기간에 제한이 있다는 것은 모르는 경우가 많아 고소 기간을 넘기는 안타까운 일이 발생하기도 합니다.

이왕 고소 이야기가 나왔으니 고소에 관해 주의해야 할 점을 좀 더 알아보겠습니다. 고소란, '고소권자가 수사기관에 범죄 사실을

---

[2] 피해자가 피해를 받은 사실을 이해하고 고소에 따른 사회생활상의 이해관계를 알아차릴 수 있는 사실상의 의사능력

신고해 범인의 **소추**[3] ·처벌을 구하는 의사표시'입니다. 고소의 형식은 서면이든, 구술이든 상관없습니다. 다만, 처벌 의사를 확실히 표시하고 그 형식을 지켜야 합니다.

실례로 친고죄 사건에 관해 피해자가 경찰청 인터넷 홈페이지에 '피고인을 철저히 조사해달라'는 민원을 접수한 경우, 판례는 이것을 고소로 보지 않습니다. 그 이유로는 친고죄에서는 특히 고소가 중요한 의미가 있기 때문에 절차의 확실성이 요구되며, 형사소송법 제237조 제1항에서 고소의 형식으로 서면과 구술로 한정하고 있는 점 등을 고려하기 때문이라고 합니다.

만약, 피해자 생각에는 고소를 했다고 생각했는데 실질적으로는 고소가 인정되지 않아 6개월이 경과해 고소를 할 수 없다면 억울할 것입니다. 그렇기 때문에 사소해 보이더라도 꼭 알아 놓는 것이 도움이 될 것입니다.

지금까지 친고죄의 의미와 친고죄의 고소에 있어 주의해야 할 점을 살펴봤습니다. 친고죄에서는 다른 범죄와 달리, 고소가 중요한 의미를 갖기 때문에 특별히 알아 놓을 필요가 있습니다. 아울러 이미 한 고소를 취소할 수도 있는데, 이것 역시 피해자가 하고 싶다고 해서 시기 불문하고 마음대로 할 수 있는 것은 아닙니다. 다음에는 친고죄의 고소취소 가능 시기에 관해 알아보고, 아울러 고소권을 미리 포기할 수 있는지에 관해서도 말씀드리겠습니다.

---

3) 형사 사건에 관해 법원에 심판을 신청해 이를 수행하는 일

제5편 잘못했으면 최대한 빨리 빌되, 확실하게 빌어라

– 친고죄의 고소취소 가능 시기 및 고소권 포기 인정 여부

앞에서는 친고죄의 의미와 고소 기간에 관해 알아봤습니다. 친고죄는 피해자의 의사에 의해 공소제기 여부가 결정된다는 점에서는 분명 피해자에게 유리한 측면도 있지만, 한편으로 고소 기간이 정해져 있다는 점에서는 피해자에게 불리한 측면도 있습니다.

그렇다면 피해자가 이미 한 고소를 취소할 수는 없을까요? 처음에는 화가 나서 고소했는데, 가해자가 진심으로 반성하는 모습을 보고 마음이 누그러져 가해자를 용서하고 싶은 경우에는 어떻게 해야 할까요?

이 경우 고소를 취소하면 됩니다. 고소취소의 방식은 고소를 하는 경우와 같으므로 서면 또는 구술로 할 수 있습니다. 다만, 고소취소는 수사기관뿐만 아니라 법원에서도 할 수 있습니다. 즉, 수사 중이면 수사기관에 고소취소를 하고, 공소제기 후에는 법원에 고소취소를 해야 합니다.

이때 주의해야 할 점은 형사소송법 제232조 제1항에는 '고소는 제1심판결선고 전까지 취소할 수 있다.'라고 규정돼 있다는 것입니다. 즉, 1심판결이 선고되면 더 이상 고소취소의 효력이 없습니다. 물론 양형참작 사유는 될 수 있을지언정 이미 제기된 공소가 취소되지 않습니다.

따라서 가해자는 가급적 1심판결이 선고되기 전까지 피해자에게 진심을 다해 사죄하고 그에 따른 피해를 보상하기 위해 노력해야 할 것입니다.

아울러 제2항에는 이미 고소를 취소한 피해자는 다시 고소할 수 없다고 규정돼 있습니다. 따라서 피해자는 신중하게 고소취소 여부를 결정해야 할 것입니다. 가해자가 진심으로 반성하지 않고 단지 처벌을 모면하기 위한 수단으로 연극을 하는 것은 아닌지 냉정하게 판단해야 할 것입니다.

그런데 만약 친고죄를 범한 후 고소를 당해 이를 취소시키기 위해 가해자가 동분서주하는 것보다 피해자가 고소를 제기하기 전에 가해자가 충분한 보상과 진심어린 사과를 해 피해자가 고소권을 행사하지 않도록 하는 것은 어떨까요? 친고죄 피해자가 고소를 하기 전에 '피해자는 가해자를 장래에 고소하지 않겠다.'는 합의서를 받았다면 마음을 놓을 수 있을까요? 아쉽게도 그렇지 않습니다. 고소권은 포기할 수 없습니다. 즉, 피해자가 고소를 하지 않겠다는 합의서까지 제출했지만, 고소 기간 내에 마음이 바뀌어 가해자를 고소했다면 그 고소는 유효한 것이 됩니다. 가해자 입장에서는 고소를 하지 않겠다는 합의서까지 받았으므로 다소 황당할 수도 있을 것입니다.

그러나 형사소송법상 이미 한 고소를 취소할 수 있다는 규정은 있어도 고소를 하기도 전에 포기할 수 있다는 규정은 없고, 만약 고소권을 미리 포기하는 것을 인정한다면 가해자가 피해자의 고소권 포기를 유도하기 위한 폐단이 발생할 수도 있기 때문에 고소권의 포기는 인정하지 않습니다.

결국 정리하면, 친고죄의 경우 일단 피해자가 고소를 하면 제1심 판결선고 전까지는 그 고소를 취소할 수 있습니다. 그러나 고소를 제기하지도 않은 피해자가 '장래 고소하지 않겠다.'는 내용의 합의서를 작성해줘도 그 합의서는 효력이 없으므로 고소 기간 내에 피해자는 고소할 수 있습니다.

죄를 지었으면 벌을 받아야 하는 것이 마땅한 도리입니다. 그러나 피해자의 의사를 중시한 친고죄의 입법 취지 등을 고려할 때 형사소송 절차를 조금만 알면 원만하게 해결될 수 있는데, 그 절차를 잘 몰라 피해자에게 용서를 받고도 형사처벌되는 상황만큼은 피해야겠습니다.

손가락 하나 건드리지 않아도 폭행죄가 될 수 있다

― 각 범죄에 따른 형법상 폭행의 의미

 형법상 폭행에는 최광의의 폭행, 광의의 폭행, 협의의 폭행, 최협의의 폭행이라는 네 가지 종류가 있습니다. 형법전에 친절하게도 네 종류의 폭행이 구별돼 적혀 있으면 다행이지만, 아쉽게도 그렇지 않습니다.

 예를 들어, 공무집행방해죄는 '직무를 집행하는 공무원에 관해 폭행 또는 협박한 자는 5년 이하의 징역 또는 1천만 원 이하의 벌금에 처한다.'라고 돼 있고, 강도죄는 형법전에 '폭행 또는 협박으로 타인의 재물을 강취하거나 …(중략)… 3년 이상의 유기징역에 처한다.'라고 형법전에 적혀 있습니다. 분명 둘 다 '폭행'이라고 적혀 있지만, 그 폭행의 의미가 다르다는 것입니다. 그렇기 때문에 미리 알아놓지 않으면 내 의도와는 다르게 형사처벌을 받을 수도 있으므로 귀찮고 어려워 보여도 알아 놓는 것이 도움이 될 것입니다.

 '최광의의 폭행'이란, 사람에 대한 것이든, 물건에 대한 것이든 불문하고 일체의 유형력의 행사를 의미합니다. 대표적인 범죄로는 내란죄에서의 폭행이 이에 해당합니다(과연 평생을 살아가며 내란죄에 관여될 일이 있을까요? 없을 것 같아 여기까지만 설명하고 넘어가겠습니다).

'광의의 폭행'이란, 사람에 대한 직·간접적인 유형력의 행사를 의미합니다. 흔히 접할 수 있는 범죄로는 '공무집행방해죄'를 들 수 있습니다. 즉, 공무를 집행하는 공무원을 폭행하거나 협박하면 공무집행방해죄가 성립하는데, 이 경우 공무원을 직접 폭행하는 것뿐만 아니라 물건에 대한 유형력의 행사가 간접적으로 공무원에게 작용해도 공무집행방해죄가 성립합니다.

예를 들어, 공무원이 공무를 집행 중인데 제가 그 공무집행에 불만을 품고 제 옆에 놓인 물건을 미친 듯이 부쉈을 경우입니다. 그냥 부순 것이 아니라 '내 성격이 이렇게 포악하니 여차하면 공무원 당신까지 해칠 수 있어.'라는 느낌이 들 정도로 과격한 행동으로 물건을 부순 경우, 공무집행방해죄가 성립된다는 것입니다.

판례 역시 '경찰관이 공무를 집행하고 있는 파출소 사무실 바닥에 인분이 들어 있는 물통을 집어던지고, 책상 위에 있던 재떨이에 인분을 퍼 담아 사무실 바닥에 던지는 행위는 동경찰관에 대한 폭행이다.'라고 판시했습니다.

'협의의 폭행'이란, 사람의 신체에 대한 유형력의 행사를 의미합니다. 대표적인 범죄로는 폭행죄가 있습니다. 많은 분들이 폭행죄라면 일단 신체에 어떤 접촉을 해야 성립하는 것으로 알고 있습니다. 따라서 경우에 따라서는 억울함을 호소하기도 합니다. 그냥 겁만 주려는 것이었지 실제로 때릴 생각은 없었다느니, 손가락 하나 건드리지 않았는데 어떻게 폭행죄냐며 항변하기도 합니다. 그런데 주의해야 할 점은 폭행죄에서 폭행은 사람의 신체에 대한 유형력이면 족하지, 반드시 신체에 대한 직접적인 접촉을 요건으로 하는 것은 아니라는 것입니다. 판례 역시 '피해자에게 근접해 때릴 듯이 손발이나 물건을 휘두르거나 던지는 행위는 직접 피해자의 신체에 접촉하지 않았다고 해도 피해자에 대한 불법한 유형력의 행사로서 폭행에 해당한다.'라고 판시했습니다.

사람의 몸에 직접 닿지 않아도 사람의 신체에 대한 유형력의 행사라면 폭행죄에 해당한다는 것을 이제 알았으니 앞으로는 더욱 조심해 불미스러운 일이 없도록 해야겠습니다.

'최협의의 폭행'이란 상대의 반항을 불가능하게 하거나 현저히 곤란하게 할 정도의 폭행을 의미합니다. 전자의 경우 강도죄, 후자의 경우 강간죄가 대표적입니다.

이때 주의해야 할 점은 폭행죄에서의 폭행과 달리 사람에 대한 직·간접의 유형력 행사를 불문하되, 유형력의 행사가 가장 강하다는 것입니다. 예를 들어, 야구 경기를 끝내고 야구방망이를 들고 가는 건장한 남성에게 왜소해 보이는 여성이 눈썹을 다듬는 칼을 들이밀며 부들부들 떨며 "가진 돈 모두 내놔."라고 말합니다.

남성은 어이없지만 웃기기도 하고 그 여성이 불쌍하기도 해 가진 돈 중 일부를 줍니다. 이 상황은 제삼자가 봐도 사회통념상 남자가 반항이 불가능해 돈을 준 것으로 보이지는 않을 것입니다. 비록 이해를 돕기 위해 제가 극단적으로 얘기했지만, 이런 경우 여성에게는 (특수)강도죄가 성립하지 않습니다.

조금 어려우신가요? 그렇지만 각 범죄에 따라 폭행의 의미가 다르다는 것을 몰라 불미스러운 일에 엮였을 때, 몰라서 그랬다고 발뺌하면 이미 늦습니다. 막연히 폭행의 대상은 사람의 신체뿐이라 생각하고 공무원이 직무를 집행할 때 물건에 관해 유형력을 행사한 것이 공무집행방해죄의 폭행에 해당돼 처벌을 받으면 억울할 것입니다. 따라서 제가 설명드린 것이 조금 복잡해 보여도 미리 알아놓고 행동을 조심하는 것이 형사처벌을 피할 수 있는 길임을 명심하셔야겠습니다.

호랑이는 죽어서 가죽을 남기고 사람은 죽어서 이름을 남긴다

- 모욕죄에 관해

　요즘 쓰는 인터넷 용어 중에 '창렬스럽다'가 있습니다. 가수 김창렬 씨가 모델이 된 식품회사의 제품이 너무 부실하자 사람들이 '부실하다, 실속 없다' 등의 부정적 의미로 쓰게 된 표현입니다. 김창렬 씨는 속이 상해 식품회사를 상대로 손해배상까지 청구했지만, 패소했다고 합니다. 아울러 이와 반대 개념으로는 연기자 김혜자 씨를 빗댄 '혜자스럽다'가 있습니다. 김혜자 씨가 모델이 된 편의점 도시락이 가격 대비 양이 많고 품질도 좋아 '양이 넉넉하다, 풍족하다' 등의 긍정적인 의미로 쓰이는 표현입니다. 동시대의 연예인 이름이 전혀 반대의 뜻을 가진 상징적인 의미로 사용된다는 것이 많은 생각을 하게 됩니다.

　이름과 관련해 얼마 전 흥미로운 내용의 뉴스가 있었습니다. 30대 남성 직장인이 여성 동료와 말싸움을 하는 도중 "네가 최순실이냐, 창피해서 회사 다니겠나."라고 말하자, 이 말을 들은 여성은 모욕감을 느꼈다며 상대방을 고소하고 법원은 모욕죄가 인정된다며 벌금 150만 원을 선고했습니다.

또한 법원은 50대 남성이 무료 급식 모금 봉사자들에게 "최순실 원 투 쓰리 같은 것"이라고 표현한 것이 모욕에 해당한다고 판단했습니다(2017년 9월 30일 KBS 뉴스 참조).

몇 년 사이에 특정인의 이름이 사회적으로 이러한 의미가 될 수 있다는 것이 놀랍기도 하고 씁쓸한 웃음이 나오기도 합니다. 그런데 '최순실 같다.'라는 말을 들은 사람은 분명 자신의 명예가 훼손됐다고 생각할 수도 있는데, 법원은 왜 명예훼손죄가 아닌 모욕죄를 인정했을까요?

형법 제307조가 규정하고 있는 명예훼손죄와 제311조가 규정하고 있는 모욕죄는 둘 다 상대방의 기분을 나쁘게 해서 처벌받는다는 점에서는 비슷해 보이지만, 분명히 다른 범죄입니다. 이번에는 명예훼손죄와 모욕죄에 관해 알아보겠습니다.

명예훼손죄와 모욕죄가 보호하고자 하는 것은 둘 다 사람의 가치에 대한 사회적 평가, 즉 외부적 명예입니다. 다만, 명예훼손죄는 사람의 평가를 저하시킬 만한 구체적 사실의 적시가 있어야 하지만, 모욕죄는 사실의 적시 없이 단순한 추상적 판단이나 경멸적 감정의 표현으로서 사회적 평가를 저하시키는 것입니다.

여기서 '사실의 적시'란, 현실적으로 발생하고 증명할 수 있는 과거와 현재의 상태입니다. 가령 목사님이 예배 중에 특정인을 가리켜

"이단 중에 이단이다."라고 설교한 경우, 그 특정인에 대해 명예훼손죄가 성립하지 않습니다. 왜냐하면 어느 교리가 정통 교리이고, 어느 교리가 이에 배치되는 교리인지는 각 신도들의 평가에 따라 달라질 수 있기 때문에 이는 사실의 적시라고 할 수 없기 때문입니다.

이에 반해 모욕죄에서의 '모욕'은 단지 모멸적인 언사를 사용해 타인의 사회적 평가를 경멸하고 자기의 추상적 판단을 표시하는 것으로써 '빨갱이 계집년', '듣보잡', '저 망할 년 저기 오네' 등의 표현이 이에 해당합니다.

그렇다면 위에서 예를 들은 '최순실 같다.'라는 표현은 말한 사람이 단지 모멸적인 언사로 상대방의 사회적 평가를 경멸하기 위해 말한 것에 불과하니 명예훼손죄가 아닌 모욕죄가 되는 것입니다.

그런데 자칫 모욕죄의 성립범위를 넓히면 헌법이 보장하고 있는 표현의 자유와 충돌할 수 있습니다. 모욕죄의 성립요건이 다소 추상적이다 보니 말 한마디 잘못했다가 형사처벌 대상이 된다면 겁이 나서 누가 말을 하겠습니까?

법원도 이러한 점을 고려해 모욕죄의 성립요건을 검토할 때 당사자의 관계, 발언을 하게 된 경위와 발언의 횟수, 발언의 맥락과 장소 등 모든 요소를 고려해 상대방의 기분을 불쾌하게 할 수 있는 무례하고 저속한 표현이기는 하지만, 객관적으로 상대방의 인격적 가치에 대한 사회적 평가를 저하시킬 만한 모욕적 언사에 해당되지 않는 경우에는 모욕죄의 성립을 부정합니다.

그러나 일반인의 관점에서 과연 상대방의 기분을 불쾌하게 할 수 있는 무례하고 저속한 표현과 상대방의 인격적 가치에 대한 사회적 평가를 저하시킬 모욕적 언사를 얼마나 구분할 수 있을지는 의문입니다.

따라서 더불어 민주당 소속 금태섭 국회의원은 모욕죄를 폐지하는 법안을 내용으로 하는 '표현의 자유 보장법'을 대표발의하기도 했습니다.

지금까지 모욕죄와 명예훼손죄의 성립요건에 관해 대략적으로 알아봤습니다. 친고죄 편에서 설명드렸듯이 단순한 모욕죄는 친고죄로 규정돼 있어 처벌 범위를 어느 정도 제한하려는 것이 입법자의 의도로 보입니다. 그러나 법적인 처벌 여부를 떠나 나의 말로 인해 타인이 큰 상처를 입을 수 있다는 것을 항상 명심하며 말조심을 위한 노력이 필요할 것입니다.

舌斬身刀(설참신도, 혀는 몸을 배는 칼이다), 口禍之門(구화지문, 입은 재앙을 불러들이는 문이다) 등 말조심에 관한 성어가 수없이 많다는 것은 그만큼 말조심의 중요성을 강조하는 것임을 다시 한 번 명심해야겠습니다.

흉흉한 세상인데 괜한 일에 엮이지 않았으면 좋겠네

— 착한사마리아인법에 관해

    2016년 8월 대전에서 있었던 일입니다. 승객 두 명을 태운 택시기사가 갑작스러운 심장마비로 쓰러졌는데, 승객은 택시 트렁크에서 골프채를 꺼낸 후 다른 택시를 타고 현장을 떠났습니다. 결국 다른 사람이 택시기사가 쓰러진 것을 보고 119에 신고했는데 안타깝게도 택시기사는 사망했습니다.

    그 승객이 사고 순간 재빨리 신고만 했어도 택시기사는 살았을 수도 있습니다. 119에 전화 한 통만 하면 되는 건데, 모른 척한 결과 소중한 생명을 잃었습니다.

    이 사건을 계기로 '착한사마리아인법' 제정 여부가 다시 수면 위로 부상했습니다. 착한사마리아인법이란, 성서에 나온 비유로 옛날 유대지방에서 유대인 한 사람이 안식일에 강도를 당해 죽어가고 있었는데 동족인 제사장이나 레위인(성전에서 일을 하는 사람)은 그냥 지나갔습니다. 그러나 당시 상류층이던 제사장이나 레위인과 달리 유대인에게 멸시 받던 사마리아인은 강도를 당한 유대인을 보고 측은한 마음이 들어, 그를 구조한 것을 빗대어 표현한 법입니다. 즉, '자신에게 특별한 위험을 발생시키지 않는 데도 불구하고 곤경에 처한 사람을 구해주지 않은 행위를 처벌하는 법'입니다.

실례로 프랑스 형법 제63조 제2항은 '위험에 처해 있는 사람을 구해주더라도, 자신이나 다른 사람에게 위험이 발생하지 않음에도 불구하고 도와주지 않는 자는 3월에서 5년까지의 징역과 360프랑에서 1만 5,000프랑까지의 벌금을 물거나 이 둘 중 한 가지의 형에 처한다.'라고 규정돼 있습니다.

중국 역시 2017년 10월부터 형법이 아닌 민법이지만 타인에게 도움을 주다가 상대방이 다쳐도 민사상 책임을 면제하는 이른바 '호인법'이 시행됐습니다. 2006년 난징에서 일용직 노동자가 버스정류장에서 사람들에게 떠밀려 넘어진 할머니를 목격하고 병원으로 모셔다 드렸지만, 오히려 가해자로 몰려 할머니 치료비의 40%를 배상하라는 판결이 확정됩니다. 그러자 곤경에 처한 사람은 모른척하고 지나가는 것이 현명한 일이라는 생각이 사람들 사이에 자리 잡게 돼 2011년 광둥성에서는 두 살인 아이가 두 번이나 차에 치였지만, 지나가던 18명의 행인이 아무런 도움을 주지 않아 결국 숨지는 사건이 발생하는 등 사회적인 문제가 되자 법을 제정하게 된 것입니다.

착한사마리아인법이 정의사회 구현을 위해 필요하다고 생각할 수도 있지만, 생각만큼 단순하지는 않습니다. 왜냐하면 도덕적 영역에 법이 간섭해 개인의 자유권을 법이 침해하는 것이 될 수 있기 때문입니다. 즉, '나와는 아무런 상관없는 남인데 내가 굳이 구조를 해야 하는가?'라는 개인의 자유권과 '사회생활상 공동체적 관점에서 타인을 구조하는 것을 법으로 강제하는 것이 좀 더 나은 사회를 만들 수 있다'라는 생각의 충돌 지점이 착한사마리아인법의 제정 문제입니다.

양쪽 주장 모두 설득력이 있으며 어느 것이 타탕한지는 개인의 가치관 문제이므로 이 자리에서 갑론을박하는 것은 적절하지 않아 보입니다. 다만, 대한민국 형법은 어떤 태도를 보이고 있는지는 유기죄와 관련해 다음 편에서 좀 더 자세히 살펴보겠습니다.

✖ TIP

프랑스, 폴란드, 독일, 포르투갈, 스위스, 네덜란드, 이탈리아, 노르웨이, 덴마크, 벨기에, 러시아, 루마니아, 헝가리 등의 유럽 13개국, 미국의 30여 개의 주 등은 착한 사마리아인 법을 적용해 처벌을 가합니다.

실례로 2016년 10월 30일 독일 북서부 베스트팔렌주 에센시의 한 은행 현금지급기 코너에서 용무를 보던 노인이 갑자기 쓰러졌지만, 인근에 있던 4명이 신고조차 하지 않고 용무를 보고 모두 떠났습니다. 그 후 노인은 다른 사람의 신고를 받고 병원으로 이송됐지만, 결국 사망했고 경찰은 현장에 설치된 CCTV를 분석해 이들 전원을 체포했습니다.

우리는 과연 어떤 사이일까?

– 법률상 또는 계약상 보호 의무를 중심으로 본 유기죄

형법 제271조 제1항은 유기죄에 관해 규정하고 있습니다. 즉, '노유, 질병 기타 사정으로 인해 부조를 요하는 자를 보호할 법률상 또는 계약상 의무가 있는 자가 유기한 때에는 3년 이하의 징역 또는 500만 원 이하의 벌금에 처한다.'라고 돼 있습니다. 여기서 '노유'는 노인과 어린아이를 의미하며, '부조'는 남을 도와주는 일을 의미합니다. 쉽게 말해 '늙거나 어려서, 또는 질병이나 다른 사정으로 인해 도움을 요하는 자(요부조자)를 보호할 법률상 또는 계약상 의무가 있는 자가 이를 위반해 요부조자의 생명·신체에 위험이 생긴 경우 처벌한다.'는 것입니다.

조문에도 명시돼 있듯이 형법은 극단적 개인주의 입장에서 법률상 또는 계약상 보호 의무 있는 자의 유기만 처벌하고 있고, 보호 의무 없는 자의 유기는 처벌하지 않습니다. 그래서 전편에서 말씀드린 '착한사마리아인법'의 제정 여부가 논의되는 것입니다.

아울러 '법률상 또는 계약상'의 보호 의무를 아는 것이 중요합니다. 왜냐하면 법률상 또는 계약상 보호 의무의 인정 여부에 따라 유기죄의 성립 여부가 결정되기 때문입니다. 이번에는 법률상 또는 계약상 보호 의무에 관해 알아보겠습니다.

법률상 보호 의무는 공법상·사법상의 보호 의무를 불문합니다. 전자의 예로, 경찰관 직무집행법 제4조(보호조치 등)를 근거로 경찰관은 정신착란을 일으키거나 술에 취해 자신 또는 다른 사람의 생명·신체·재산에 위해를 끼칠 우려가 있는 사람 등에 관해 공공구호 기관에 긴급구호를 요청하거나 경찰관서에 보호하는 등 적절한 조치를 취해야 합니다. 후자의 예로, 친권자의 자녀에 대한 보호 의무를 근거로(민법 제913조) 친권자는 자녀가 부조를 요하는 상태에 빠졌을 때 적절한 조치를 해야 합니다.

이때 주의해야 할 점은 사실혼 관계에서도 이러한 법률상 보호 의무가 적용된다는 것입니다. 즉, 사실혼은 혼인신고를 하지 않아 법률상 부부가 아니므로 유기죄에서 말하는 '법률상 보호 의무'가 인정되지 않는다고 생각하기 쉽지만, 민법 제826조 제1항이 규정한 부부 간의 부양의무 및 유기죄에서 보호하고자 하는 입법취지를 고려해 사실혼 관계에서도 서로에 관해 법률상의 보호 의무를 인정하는 것이 판례입니다. 다만, 이러한 보호 의무가 인정되기 위해서는 사실혼 관계가 인정돼야지 단순한 동거나 간헐적인 정교만으로는 이러한 보호 의무가 인정되지 않습니다.

계약상 보호 의무에서 계약은 유기자와 피유기자 사이에 체결된 것을 요하지 않습니다. 즉, 유기자와 제삼자 사이에 체결된 계약도 무방합니다. 예를 들어, 자녀를 위해 부모가 보모와 계약했는데 보모가 부조를 요구하는 상태에 빠진 자녀를 위해 아무런 조치를 취하지 않으면 유기죄가 됩니다.

이때 주의해야 할 점은 여기서 말하는 '계약상 의무'는 계약 해석상 계약 목적이 달성될 수 있도록 하는 주된 의무에 국한되지 않고 계약 목적이 달성될 수 있도록 상대방의 신체나 생명에 관해 주의나 배려하는 부수적 의무도 포함될 수 있다는 것입니다.

다소 추상적이라 잘 와 닿지 않을 것입니다. 따라서 이해를 돕기 위해 실제로 일어난 사건을 소개해드리겠습니다.

술집에 손님으로 온 사람이 3일 동안 식사는 한 끼도 하지 않은 채 계속 술집에서 과도하게 술을 마시고 추운 날씨에 난방이 제대로 되지 않은 술집 내 소파에서 잠을 자다가 저체온증 등으로 사망한 사건이 발생했습니다. 이에 법원은 계약상의 보호 의무를 인정해 술집 주인에게 유기치사죄를 인정했습니다.

분명 술집 주인과 손님이 맺은 계약의 주된 내용은 주인이 술을 제공하고 손님은 술값을 지불하는 것입니다. 그러나 술집 주인은 운영자로서 손님의 생명·신체에 관해 위험이 발생하지 않도록 손님이 추운 날씨에 며칠 간 과도하게 술을 마시고 소파에서 잠을 자며 정신을 잃은 상태에 있었다면, 술집의 내실로 옮기거나, 손님의 지인에게 연락하거나, 하다못해 경찰에 연락할 부수적 의무가 인정되는데 판례는 이러한 의무의 근거를 계약상 의무에서 찾았습니다.

물론 술집 주인이라고 해서 언제나 모든 손님들의 생명·신체의 안전까지 책임져야 할 필요는 없습니다. 그렇기 때문에 판례도 모든 부수적 의무가 유기죄에서의 '계약상 의무'가 된다고는 할 수 없고, 제반 사정을 고려해 계약상의 부조의무를 신중하게 판단해야 한다고 판시했습니다.

위 사례의 경우는 술집 주인이 너무 심했다는 생각이 들지 않으세요? 3일 동안 식사 한 끼 하지 않고 술만 계속 마신 사람인데 차가운 주점 소파에 그냥 방치하다니…. 따라서 판례도 제반사정을 고려해 유기치사죄를 인정했습니다.

지금까지 법률상·계약상 보호 의무를 중심으로 유기죄에 관해 알아봤습니다. 때로는 호의로 한 행동이 복잡한 법적분쟁을 야기하는 경우도 있어 내 마음과 다르게 남을 돕는 것을 주저하게 되는 경우도 많습니다. 그러나 적어도 법률상·계약상 보호 의무가 있는데도 부조가 필요한 사람을 모른 체하면 이는 형사처벌의 대상이 됩니다. 일반인이 정의를 구현하는 배트맨이나 슈퍼맨이 될 수는 없겠지만, 적어도 나의 외면이 유기죄에 해당되는지를 몰라 형사처벌을 받는 일은 없어야겠습니다.

제10편 범죄 현장에 없어도 강간범이 될 수 있다

― 공동정범과 공모관계 이탈에 관해

신안 섬마을에서 주민인 남자들이 여교사를 성폭행하는 끔찍한 사건이 있었습니다. 이 범죄에 관해 대법원이 2심에서는 무죄로 판단한 가해자들의 '공모·합동관계'가 인정된다며 다시 판단하라고 환송했습니다(연합뉴스 2017년 10월 26일 기사 참조).

여기서 '공모관계'란, 두 명 이상의 자가 공동으로 세운 범행계획에 따라 공동으로 범죄를 실행하려는 의사를 말합니다. 이러한 공모를 바탕으로 범죄를 실행한 경우, '공동정범'이라 표현합니다. '합동관계'란, 공동정범 중 범행을 실행할 때 시간적으로나 장소적으로 협동관계에 있는 것을 의미하며, 이러한 범행을 저지른 자들을 '합동범'이라 표현합니다.

굳이 따지자면 합동범은 공동정범 중 좀 더 시간적·장소적으로 밀접하게 관련돼 범죄를 저지른 자들입니다. 공동정범과 합동범의 개념을 나누는 이유는 합동절도, 합동강간 등 몇몇 범죄에서는 합동범을 가중 처벌하기 때문입니다. 왜냐하면 두 명 이상이 현장에서 범죄를 범하면 그 집단성으로 인해 피해가 커지는 반면, 단속 및 검거가 어려워진다는 것을 고려한 것입니다.

그런데 공동정범이나 합동범의 책임은 독자들이 생각하는 것보다 훨씬 무겁습니다. 한 마디로 표현하면 '일부실행 전부책임'입니다. 이해를 돕기 위해 판례를 예로 들어보겠습니다.

남자 두 명이 여자 한 명을 번갈아 강간하기로 공모했습니다. 그 후 남자 한 명이 여자를 강간하고 다른 한 명은 망을 봤습니다. 첫 번째 남자의 강간이 끝나고 이번엔 망을 본 남자가 여자를 강간하려는데 제발 그러지 말아달라며 여자가 애원합니다. 찢겨진 옷가지와 여자의 눈물을 보는 순간 남자는 마음이 약해져 여자 몸에 손 하나 대지 않고 강간을 하려던 마음을 접고 그 자리를 떠납니다. 이 경우, 여자 몸에 손 하나 대지 않은 남자는 어떤 처벌을 받을까요?

첫 번째 남자와 똑같이 강간죄로 처벌받습니다. 더구나 성폭력 범죄의 처벌 등에 관한 특례법 제4조 제1항에 해당돼(합동강간) 형법상 일반 강간죄보다 가중 처벌받습니다. 독자들은 의외일 것입니다. 두 번째 남자는 여자가 불쌍해 아무것도 한 것이 없는데 합동강간으로 가중 처벌을 받다니…. 혹자는 그래도 망을 봤으니 똑같이 강간죄로 처벌을 받는 것이 당연하다고 생각할 수도 있습니다.

그럼 좀 더 극단적인 예를 들어보겠습니다. 남자 두 명이 여자 한 명을 강간하기로 공모한 후 한 명은 직접 강간을 실행하고 공모한

다른 한 명은 담배를 사러 가 강간 장소에는 얼씬도 하지 않았다 하더라도 담배를 사러 간 사람 역시 강간죄로 처벌을 받습니다. 이것이 공동정범의 무서움입니다. 즉, 내가 직접 실행한 것은 아니지만, 모든 책임을 지는 것입니다(물론 형량을 정함에 있어서는 두 사람의 행위에 따라 차이가 있을 수는 있습니다).

그렇다면 이미 공모를 한 이상 처벌을 받지 않고 빠져나올 수 있는 길은 없는 것일까요? 물론 그렇지 않습니다. 빠져나올 수 있는 길이 없다면 한 번 공모한 사람은 울며 겨자 먹기로 범죄를 저지를 수밖에 없는데, 이는 형사정책적인 관점에서도 부당합니다. 따라서 비록 공모를 했더라도 상대방이 범죄를 실행하기 전에 공모관계를 이탈하면 됩니다. 여기에서 공모관계의 이탈이란, 쉽게 말해 '나 이제 너와 같이 범죄를 저지르지 않겠다.'는 것을 상대방에게 명시·묵시적으로 표시하는 것입니다.

다만, 주의해야 할 점은 상대방이 범죄를 저지르기 전에 공모관계를 이탈해야 합니다. 상대방이 이미 범죄를 저질렀으면(즉, 실행에 착수했으면) 공모관계를 이탈해도 함께 처벌됩니다. 왜냐하면 '일부실행 전부책임'이기 때문입니다. 가령 두 명이 번갈아 강간하기로 공모한 경우 한 명이 강간하기 전에 다른 한 명이 미리 '난 죄를 범할 생각이 없으니 그만 두겠다.'라고 상대방에게 이야기한 후 범죄 현장에 없었다면 그 사람은 강간죄로 처벌받지 않습니다. 그러나 이미 한 명이 강간을 시작한 후(강간죄의 경우에는 폭행·협박이 있으면 실행의 착수가 있다고 봅니다) 다른 한 명이 '난 죄를 범할 생각이 없으니 그만 두겠다.'라며 상대방에게 이야기한 후 범죄 현장을 떠나도 떠난 사람은 강간죄로 처벌받습니다.

조금 복잡하고 헷갈리실 것입니다. 그러나 공동정범의 법리를 알아 놓지 않으면 본인 생각으로는 양심의 가책을 느껴 범죄를 그만 두었다고 생각했는데 처벌되는 경우가 생길 수 있습니다. 분명 범죄 현장에 없었거나, 상대방에게 손 하나 까딱하지 않았는데 강간죄 등이 된다면 다소 억울한 마음이 생길 수도 있을 것입니다. 물론 범죄를 저지를 마음을 갖지 않는 것이 필요하겠지만, 혹시나 순간의 실수로 범죄를 공모했다면 조금이라도 빨리 공모관계에서 이탈하는 것이 처벌의 길을 피할 수 있는 길임을 명심해야겠습니다.

내 땅 내가 내 마음대로 사용한다는데 무슨 죄가 되겠어?

– 권리남용금지 원칙과 일반교통방해죄

대한민국은 사유재산을 인정하는 국가입니다. 그러나 사유재산을 인정한다고 해서 그 재산을 내 마음대로 사용해 남에게 피해를 주는 것까지 용인하지는 않습니다. 그렇기 때문에 민법에서는 '권리남용금지의 원칙'이라는 것이 있습니다(민법 제2조). 즉, 겉으로 보기에는 내가 가진 권리를 행사하는 것이지만, 그 권리의 행사가 사회통념에 반하는 것이면 권리 행사를 인정하지 않는 것입니다.

예를 들어, 옆집 사람이 건물을 새로 지었는데 그 건물이 내 땅을 근소하게 침범하자, 침범한 범위만큼 철거청구를 하는 경우입니다. 분명 법적으로는 내 땅에 대한 소유권이 있으므로 건물철거를 청구하는 것이 적법해 보입니다. 그러나 침범 당한 부분을 회복하기 위해 상대방의 건물을 철거할 경우, 상대방에게 경제적으로나 사회적으로 큰 손해가 생기지만, 내가 침범당한 부분은 토지 이용에 큰 불편을 끼치지 않는 경우에는 철거청구를 받아들이지 않습니다. 이때 근거가 되는 것이 '권리남용금지의 원칙'입니다. 물론 내가 침범당한 부분의 범위가 넓거나 근소한 부분을 침범당했더라도 내 토지 이용에 큰 불편을 끼친다면 철거청구를 받아들일 것입니다.

민법은 이러한 권리남용금지 원칙 등을 통해 사유재산이지만 주인이 함부로 사용하는 것을 어느 정도 규제하고 있습니다. 그렇다면 형법은 어떨까요? 형법은 강제력을 사용해 신체에 대한 구속까지도 가능하므로 민법처럼 다소 추상적인 조문 하나로 규정하는 것이 아니라 각 상황에 맞는 조문으로 규정하고 있습니다. 그중에서 제가 소개해드리고 싶은 것은 일반교통방해죄로, '육로, 수로 또는 교량을 손괴 또는 불통하게 하거나 기타 방법으로 교통을 방해한 자는 10년 이하의 징역 또는 1,500만 원 이하의 벌금에 처한다.'라고 형법 제185조에서 규정하고 있습니다.

즉, 자기 소유의 땅이라도 그것이 육로로 이용될 때는 사람들의 교통안전을 보호하기 위해 땅 소유자 마음대로 길을 막을 수 없습니다. 실제로 일어난 사건을 소개해드리겠습니다.

서울에 사는 B 씨는 2001년 충북 제천시 수산면에 있는 땅을 매입했는데, 2013년 측량 해보니 그 땅 중 일부가 마을 농로로 이용되고 있음을 알게 됐습니다. 처음에는 이에 관해 아무런 문제를 삼지 않았는데, 1년 후 마을 사람들이 농로를 확장하며 B 씨의 땅을 더 많이 침범하자, 이에 화가 난 B 씨는 굴삭기를 이용해 자신의 땅에 흙과 돌을 쌓았습니다. 이에 차량 통행이 불가능해져 주민들이 B 씨를 고발하자 B 씨는 '침범당한 내 땅만 가로막았으니 정당한 권리

행사다.'라고 주장했습니다. 하지만 결국 B 씨는 일반교통방해죄 위반으로 벌금 100만 원을 선고받았습니다(연합뉴스 2017년 10월 25일 기사 참조).

   B 씨의 입장에서는 다소 억울할 수 있겠지만, 사람들의 교통안전이라는 공익을 위해 재산권 행사가 제한받는 것입니다. 길을 막는 것뿐만 아니라 통로는 남겨 놓아도 통로가 예전에 비해 통행에 현저한 곤란을 주는 경우에는 일반교통방해죄가 성립합니다. 판례에 의할 때 주민들이 오랫동안 공로로 가기 위해 이용한 폭 2m 가량의 유일한 통행로를 토지 주인이 폭 50cm 내지 75cm만 남기고 담장을 설치해 주민들의 통행을 현저히 곤란하게 만든 경우에도 일반교통방해죄가 성립합니다.
   결국 내 땅이 육로로 이용되는지의 여부가 중요한 것이지 부지의 소유관계는 육로의 인정 여부와 관련이 없습니다.
   판례에 따르면, 육로는 '사실상 사람들의 왕래에 이용되는 육상의 통로를 일컫는 것'이라며 그 기준은 제반사정에 따라 정하고 있습니다. 즉, 통행인이 적다고 육로로 인정되지 않는 것도 아니고, 토지 주인이 잠시 편의를 위해 사람들의 통행을 묵인한 것에 불과하다면 사람들이 아무리 많이 다녀도 육로라고 할 수 없습니다.

   우리나라는 인구에 비해 국토가 좁고 더구나 '땅'은 한정된 자원이기 때문에 땅에 관한 이해관계에 있어서는 국가 개입의 정도가 큽니다. 개발제한구역 지정이나 토지거래허가제 등을 예로 들 수 있습니다.

그렇기 때문에 내 땅이지만 내 마음대로 사용하다가는 자칫 형사처벌까지 받으며 범법자가 될 수도 있습니다. 아무리 화가 나고 억울해도 일단 물리력부터 행사하지 말고 조금만 더 신중히 알아보고 행동하는 조심스러운 자세가 필요하겠습니다.

제12편 아버지의 귀중품을 훔쳐도 죄가 되지 않지만, 부수면 죄가 된다

― 재산범죄와 친족상도례에 관해

'법은 대문을 넘지 못한다.', '법은 가정에 들어가지 않는다.'라는 법언이 있습니다. 가정의 평화를 위해 법적인 처벌보다 가족의 의견을 중시 여겨 법의 개입을 자제해야 할 때 주로 쓰이는 표현입니다. 대표적인 경우가 이번에 알아볼 친족상도례 규정입니다. 물론 모든 범죄에 친족상도례가 적용되는 것은 아닙니다. 오히려 특정 범죄에서는 친족끼리의 범죄이기 때문에 가중 처벌합니다. '존속 살인죄', '존속 상해죄' 등은 일반 살인죄·상해죄에 비해 가중 처벌을 받습니다. 효를 강조하는 유교적 관념내지 전통사상이 반영돼 그렇습니다. 참고로 일본은 1973년 일본 최고재판소에 의해 존속살인죄 규정이 평등권을 위배한다고 해 위헌 결정을 받았습니다. 지리적으로도 가깝고 같은 유교문화권인데, 그 사회의 인식에 따라 실정법의 내용이 달라지는 것은 새삼 느끼게 해줍니다.

위에서 언급한 친족상도례는 형법 제328조에서 규정하고 있습니다. 친족상도례는 직계혈족, 배우자, 동거친족, 동거가족 또는 그 배우자 간에 강도죄와 손괴죄를 제외한 재산범죄를 저지를 경우 이를 처벌하지 않고 그 이외의 친족이 강도죄와 손괴죄를 제외한 재산범죄를 저지를 경우에는 고소가 있어야 처벌할 수 있다는 것입니다.

예를 들어, 아들이 아버지의 돈을 훔친 경우에는 절도죄로 처벌받지 않습니다. 왜냐하면 아버지와 아들은 직계혈족 관계이며, 절도죄는 친족상도례가 적용되는 범죄이기 때문입니다. 그런데 돈을 훔친 것이 아니라 아버지를 폭행·협박해 돈을 빼앗은 경우, 즉 강도죄를 범한 경우에는 아들이라도 처벌받습니다. 직계혈족 관계지만 강도죄에는 친족상도례가 적용되지 않기 때문입니다.

아울러 같이 살고 있는 사촌동생이 돈을 훔쳐도 절도죄로 처벌받지 않습니다. 같이 사는 사촌동생은 동거친족이기 때문입니다. 그러나 따로 떨어져 사는 사촌동생이 돈을 훔치면 피해자가 절도죄로 고소해야만 사촌동생이 처벌받습니다. 동거친족이 아니기 때문입니다.

그런데 어차피 처벌받는 것이면 친족상도례가 적용된다고 해서 유리한 점이 무엇인지 궁금한 분들도 계실 것입니다. 일반적으로 절도죄는 피해자의 고소 없이도 처벌이 가능한 범죄지만, 친족상도례가 적용되면 피해자가 고소해야만 처벌할 수 있고, 고소가 없으면 처벌하지 않습니다(이러한 범죄를 제4편에서 설명한 일반적인 친고죄와 비교해 '상대적 친고죄'라고 합니다). 즉, 돈을 훔친 사촌동생의 처벌 여부를 피해자의 의사에 맡기므로 돈을 훔친 사촌동생의 입장에서는 훨씬 유리한 상황이 됩니다.

친족상도례는 피해자와 가해자의 관계를 중시 여겨 법적처벌을 자제하는 것입니다. 그렇기 때문에 피해자와 가해자의 관계설정이 중요합니다. 어설프게 친족상도례를 악용하려다 관계설정이 어긋나면 처벌받습니다. 다음은 실제로 일어난 사건입니다.

손자가 할아버지 은행통장에 입금돼 있던 돈을 자신의 계좌로 이체시켰습니다. 이러한 행위는 친족상도례가 적용되는 '컴퓨터 사용 사기죄'에 해당합니다.

손자의 범죄가 발각되자 손자 측은 위 범행으로 인한 피해자는 예금통장 명의인인 할아버지이므로 친족상도례를 주장했습니다. 할아버지와 손자는 직계혈족 관계이기 때문입니다. 그러나 대법원은 위 범죄의 피해자는 할아버지가 아니라 이체된 예금 상당액의 채무를 이중으로 지급해야 할 위험에 처한 할아버지가 거래하는 은행이라고 판단했습니다. 일반적으로는 할아버지 통장의 돈이 사라졌으니 할아버지가 피해자라 생각할 수 있는데, 대법원은 달리 판단한 것입니다. 결국 손자는 친족상도례가 적용되지 않으니 형사처벌을 받을 것입니다.

지금까지 친족상도례에 관해 알아봤습니다. 친족상도례를 악용하려면 얼마든지 악용할 수 있을 것입니다. 그러나 법적으로 처벌하지 않으니 범죄를 저지르기보다는 '오죽했으면 법마저도 처벌하기를 자제할까'에 초점을 맞춘다면 친족에 대한 미안함에 범죄를 저지르기가 더 망설여지는 것이 사람의 마음 아닐까요?

밖에서 창문으로 엿보기만 해도 주거침입죄가 될 수 있다

제13편

— 주거침입죄에서 대해

'주거침입죄' 그리 낯선 죄명은 아닐 것입니다. 이는 형법 제319조에 규정돼 있는 범죄로, '사람의 주거, 관리하는 건조물, 선박이나 항공기 또는 점유하는 방실에 침입'할 경우에 성립하는 범죄입니다.

이때 주의해야 할 점은 주거침입죄에서의 '주거'는 단순히 가옥 자체만을 말하는 것이 아니라 '위요지'도 포함합니다. 여기서 '위요지'란, 건조물에 인접한 그 주변의 토지로써 외부와의 경계에 담 등이 설치돼 그 토지가 건조물에 제공되고, 또 외부인이 함부로 출입할 수 없다는 점이 객관적으로 명백하게 드러나는 곳을 의미합니다.

예를 들면, 대문을 몰래 열고 들어와 마당에만 들어가도 주거침입죄가 성립합니다. 그런데 판례는 주거의 의미를 더 확대해 공용주택 내부에 있는 엘리베이터나 공용계단 또는 복도도 주거에 포함시킵니다. 즉, 거주자의 의사에 반해 빌라의 공용계단으로 3층까지 올라갔다가 내려온 경우도 주거침입죄에 해당한다고 판시하고 있습니다.

그런데 판례는 한 걸음 더 나가 일반인들에게 개방된 장소, 예를 들어, 백화점이나 음식점 등에도 범죄를 저지를 목적으로 들어간 경우에는 주거침입죄를 인정합니다. 즉, 백화점에 물건을 사기 위해 들어간 것이 아니라 물건을 훔치기 위해 들어간 경우에는 주거침입죄를 인정합니다. 백화점 영업주는 물건을 살 사람만 들어오라고 출입을 허락한 것이지 범죄 목적으로 들어온 사람에게는 출입을 허락한 것이 아니기 때문입니다. 그렇다면 처음에는 범죄목적 없이 들어갔다가 후에 범죄를 저지른 경우는 어떻게 될까요? 당연히 주거침입죄가 성립하지 않습니다.

정리하면 처음부터 물건을 훔칠 생각으로 백화점에 들어가 물건을 훔쳤다면 주거침입죄와 절도죄가 성립합니다. 그런데 처음에는 물건을 훔칠 생각 없이 백화점에 들어갔다가 우연히 주인이 화장실에 간 틈을 이용해 물건을 훔쳤다면 주거침입죄는 성립하지 않고 절도죄만 성립하는 것입니다.

지금까지 주거침입죄에서 '주거'의 의미와 '침입'의 의미에 관해 알아봤습니다. 생각보다 주거와 침입의 범위가 일반인이 생각하는 것보다 넓습니다. 그런데 법원은 주거침입죄와 관련해 피해자를 보호하기 위해 더욱 파격적인(?) 판례를 선보였습니다. 남자가 여자를 강간할 생각으로 여자가 집에 있는지 확인하기 위해 창문을 열고 얼굴을 들이밀자 방안에 있던 여자가 이를 보고 놀라 소리를 지르는 바람에 남자가 도망간 사건이 있었습니다. 그런데 남자가 얼굴을 들이민 창문은 길가에 있는 창문이었습니다. 즉, 대문을 열고 들어가 창문을 연 것이 아니라 골목길 담 벽에 발을 딛고 창문을 연 후 얼굴을 들이민 것이었습니다. 다른 범죄는 차치하더라도 분명 위요지 등에 침입한 것도 아니고, 창문을 통해 집으로 들어가려 한 것도 아닌 단지 골목길에서 창문을 열고 바라보기만 한 것뿐인데 법원은 주거침입죄로 판단한 것입니다. 그 이유로는 '주거침입죄는 사실상의 주거의 평온을 보호하는 것이므로 신체의 일부만 들어갔다고 하더라도 거주자가 누리는 사실상 주거의 평온을 해할 수 있는 정도가 됐다면 주거침입죄가 성립된다.'라는 것이었습니다.

야심한 밤에 여자 혼자 있는 방인데, 창문이 스윽 열리더니 웬 남자가 얼굴을 들이민다는 것은 상상만으로도 공포영화 못지않게 무섭습니다. 대낮에 남자 혼자 있는 방이라도 모르는 사람이 창문을 스윽 열고 얼굴을 들이민 채 자기를 본다면 소름이 돋고 놀라서 비명이 나올 것입니다.

주거는 옷·음식과 더불어 인간 생활의 세 가지 기본요소이므로 이를 좀 더 두텁게 보호할 필요성이 있어 판례는 주거침입죄의 범위를 확대하는 것 같습니다.

"이불 밖은 위험해"라는 유행어처럼 이불 밖이 위험하면 안전을 위해 나가지 않으면 그만이겠지만 이불 속까지 불안하다면 인간의 삶은 제대로 영위될 수 없기 때문이겠죠.

앞에서 살펴봤듯이 생각보다 주거침입죄의 성립 범위는 넓습니다. 헌법이 보장한 사생활의 비밀과 자유의 기초가 되는 주거를 보호하기 위한 필요성이 크기 때문입니다. 그렇기 때문에 '이 정도는 괜찮겠지. 설마 이것이 주거침입이겠어?' 등의 안일한 생각으로는 형사처벌의 대상이 될 수도 있습니다. 이제 주거침입죄에 관해 아셨으니 앞으로는 조심스러운 행동으로 불미스러운 일에 관여되는 일이 없었으면 좋겠습니다.

제14편

아주 급하면 염치 불구하고 일단 쓰고 보자

– 불법영득의사와 사용절도

길을 걷다 갑자기 생각이 났습니다. 먹다 남은 찌개가 상할까봐 한 번 끓여 놓는다는 것이 가스레인지 불을 켜 놓은 채 그냥 밖으로 나왔다는 것을….

마음은 조급해지고 등에는 식은땀이 흐릅니다. 아무리 빨리 걷거나 뛰어도 집까지는 20여 분 거리입니다. 택시가 언제 잡힐지도 장담할 수 없습니다. 자꾸 불길한 생각만 들고 가슴이 쿵쾅거립니다. 그 때 눈앞에 자전거보관소가 보입니다. 지하철 역 앞에 마련돼 있는 자전거보관소의 수많은 자전거 중에 잠금 장치가 안 된 자전거가 보입니다. 자전거를 이용해 집에 갔다 오면 시간이 훨씬 단축될 것이지만 그렇다고 남의 것을 함부로 쓰는 것이 탐탁지 않습니다. 갈등을 하는 사이 시간만 흐릅니다.

과연 독자들이 위 사례의 주인공이라면 어떻게 하시겠습니까? 아무리 급해도 남의 것을 주인 허락 없이 사용하는 것은 죄가 될 것 같으니 다른 방법을 찾겠습니까? 언제 불이 날지 모르는 가슴

졸이는 상황에서?

위의 사례 같은 경우에는 일단 자전거를 사용하는 것이 정답입니다. 형법은 불법영득의사가 없는 절도를 '사용절도'라고 해서 원칙적으로 처벌하지 않습니다. 불법영득의사란, '권리자를 배제하고 타인의 물건을 자기의 소유물과 같이 경제적 용법에 따라 이용·처분할 의사'를 말합니다. 쉽게 말해 내가 갖기 위해 남의 물건을 훔쳐 그 물건 용도에 맞게 사용하고자 하는 마음입니다.

그렇다면 위 사례에 대입해 보겠습니다. 집에 빨리 가기 위해 남의 자전거를 이용하는 것은 자전거를 용법에 맞게 사용하는 것이 맞습니다. 그러나 그 자전거를 내가 가질 마음은 없습니다. 즉, 급해서 잠시 남의 자전거를 사용하고 돌려줄 생각일 뿐이지 내가 그 자전거를 가질 마음은 없는 것입니다. 따라서 불법영득의사가 인정되지 않기 때문에 절도죄가 되지 않습니다. 요약하면 남의 것을 쓰고 돌려준다면 원칙적으로 죄가 되지 않습니다.

다만, 사용절도로 인정되기 위해서는 물건을 사용 후 돌려줄 반환의사 외에 몇 가지 요건이 더 필요합니다.

첫째, 사용으로 인해 그 물건의 고유한 가치가 훼손되지 않아야 합니다.
가령 예금통장을 훔친 후 예금을 찾고 그 예금통장을 주인에게 돌려준 경우, 분명 예금통장의 외관은 변함없이 그대로 일 것입니다. 그러나 100만 원이 입금돼 있던 예금통장에 비해 잔액이 전혀 없는 예금통장은 그 가치가 훼손됐기 때문에 예금통장에 관해 절도죄로 처벌받습니다.

둘째, 그 물건이 있던 자리에 그대로 놓아둬야 합니다.

사용한 물건이 있던 장소에 그대로 반환해 놓지 않으면 주인이 찾는 데 어려움을 겪을 수 있기 때문입니다. 가령 언급한 자전거 사례에서 자전거를 사용해 집에 간 후 그 자전거를 원래 있던 자전거보관소에 두지 않고 길가에 그냥 방치한 경우에는 절도죄가 됩니다.

셋째, 일시적 사용이어야 합니다.

즉, 잠시 사용하고 제자리에 반환해야지 장시간 갖고 있으면 역시 절도죄가 됩니다. 사용절도는 주인의 허락 없이 남의 물건을 사용하는 것이므로 이를 인정하기 위한 요건이 까다로울 수밖에 없습니다.

지금까지 사용절도에 관해 알아봤습니다. 사용절도에 관해 알았다고 해서 함부로 이를 남용해서는 안 될 것입니다. 타인이 내 물건을 허락 없이 사용한다면 본인 역시 기분이 그리 좋지 않을 것입니다.

아울러 주의해야 할 점은 자동차의 사용절도일 경우에는 별도의 처벌규정이 있습니다. 즉, 길가에 열쇠가 꽂힌 자동차가 있는 경우, 내가 급한 일이 있어 일시적으로 사용하고 반환할 의사로 자동차를 이용한 후 그 자리에 반환했다 하더라도 '자동차등불법사용죄(형법 제331조의2)'에 해당돼 3년 이하의 징역, 500만 원 이하의 벌금, 구류, 또는 과료에 처해질 수 있으니 이 점을 명심해야 할 것입니다.

제15편 단지 성매매를 권유만 했을 뿐인데도 처벌받을 수 있다

― 아동·청소년에 대한 성매매의 심각성

　소개팅 앱이 무분별한 성매매 창구로 이용되고 있고, 미성년자 성매매의 온상이 되고 있다는 기사를 종종 접합니다. 특히 랜덤 채팅일 경우 가입절차나 성인 인증 절차가 없어 더더욱 그렇다고 합니다. 여중생이 '조건만남'으로 성매매를 하다가 에이즈에 감염됐다는 소식은 우리 사회에 큰 파장을 불러일으켰습니다(2017년 10월 10일 KBS 뉴스 참조).

　인권위원회에 따르면, 아동·청소년이 경험한 성매매 유형으로는 '조건만남'이 88.3%며 그중 59.2%가 채팅 앱을 통해 조건만남을 했다고 합니다(중도일보 2017년 10월 9일자 기사 참고). 더구나 방송통신심의위원회는 채팅방 제목만 보고 제재 여부를 결정하지 대화 내용까지 모니터링할 권한이 없기 때문에 아동·청소년의 성매매 실태는 더욱 심각할 것입니다.

　혹시 이 글을 읽으시는 독자들 중에 나쁜 생각을 갖고 있는 분이 있으시다면 이 기회에 아동·청소년의 성 보호에 관한 법률 제

13조를 소개해드리고 싶습니다.

동법 제13조 제1항은 '**아동·청소년**[1]의 성을 사는 행위를 한 자는 1년 이상 10년 이하의 징역 또는 2천만 원 이하의 벌금에 처한다.'라고 규정돼 있습니다.

성인을 대상으로 성매매를 한 경우 1년 이하의 징역 또는 300만 원 이하의 벌금·구류·과료에 처하는 것(성매매 알선 등 행위의 처벌에 관한 법률 제21조 벌칙 제1항)에 비해 상당히 무겁게 규정돼 있습니다.

이때 주의해야 할 점은 재산상의 이익뿐만 아니라 편의제공 등도 대가에 포함된다는 것입니다. 즉, 가출 청소년을 상대로 자취방에서 숙박 등을 제공하고 성행위를 하는 것도 처벌 대상이 됩니다. 실례로 채팅 앱을 통해 알게 된 가출 청소년을 자신의 집에 재워주고 성관계를 맺은 20대에게 징역 10월에 80시간의 성폭력 치료프로그램 이수 명령을 한 경우도 있습니다(연합뉴스 2015년 4월 12일 기사 참조).

아울러 동법 제2항은 '아동·청소년의 성을 사기 위해 아동·청소년을 유인하거나 성을 팔도록 권유한 자는 1년 이하의 징역 또는 1천만 원 이하의 벌금에 처한다.'고 규정돼 있습니다.

즉, 아동·청소년에 대한 성매매는 당연히 처벌받을 뿐만 아니라

---

[1] 여기서 말하는 '아동·청소년'이란, 19세 미만의 자를 말함. 다만, 19세에 도달하는 연도의 1월 1일을 맞이한 자는 제외(동법 제2조 1호).

성매매를 권유하는 것조차 처벌을 받습니다. 더구나 판례는 아동·청소년이 이미 성매매 의사를 갖고 있었던 경우에도 아동·청소년에게 금품이나 그 밖의 재산상 이익, 직무·편의제공 등 대가를 제공하거나 약속하는 방법으로 성을 팔도록 권유하는 행위도 위 규정에서 말하는 '성을 팔도록 권유하는 행위에 포함된다.'라고 판시했습니다.

비록 상대방이 성매매 의사가 있다고 하더라도 아직 가치관이 확립되지 않은 아동·청소년이기 때문에 특별히 법이 더 보호를 하는 것입니다. 따라서 아동·청소년을 대상으로 나쁜 생각은 꿈도 꾸지 않는 것이 좋습니다. 이건 도덕적인 문제를 떠나 곧장 형사처벌 대상임을 다시 한 번 강조드립니다.

제16편 난 억울한 마음에 증거를 모았을 뿐인데….

– 사인의 비밀녹음 및 촬영 사진의 증거능력

　예전에는 기자들이 취재원의 말을 녹음하기 위해 소형 디지털 녹음기를 갖고 다니기도 했지만, 이젠 대다수의 국민들이 소형 녹음기를 갖고 다니는 시대가 됐습니다. 아울러 첩보영화에서 스파이들의 전유물로 생각되던 소형 카메라도 대다수의 국민들이 갖고 다닙니다. 분명 독자들의 손에도 소형 녹음기와 소형 카메라가 들려 있을 것입니다. 이것은 다름 아닌 스마트 폰의 대중화 때문입니다. 스마트 폰에 내장돼 있는 녹음 기능과 카메라 기능을 이용해 전화 통화 등의 녹음이나 결정적인 장면을 촬영하기가 훨씬 수월해졌습니다. 이에 따라 형사소송절차에서도 사인이 녹음한 자료나 촬영한 사진이 증거로 나오는 비중이 예전보다 높아졌습니다. 그렇다면 사인이 비밀 녹음한 것과 촬영한 사진이 형사소송절차에서 어떠한 효력이 있는지에 관해 알아보겠습니다.

　우선 녹음에 관해 말씀드리면 통신비밀보호법 제14조와 제4조에서는 누구든지 공개되지 아니한 타인 간의 대화를 녹음하거나 전자장치 또는 기술적 수단을 이용해 청취할 수 없고, 만약 이를 행한 경우 이로 인해 알게 된 내용은 재판이나 징계절차에서 증거로 사용할 수 없다고 규정하고 있습니다. 예전에 야당의원들을 상대로 한 불법감청 등이 정치적 문제로 비화되기도 해서 이렇게 강력한 규정을 두고 있습니다.

그런데 위 조문에서 보셨듯이 '타인 간의' 대화로 규정돼 있기 때문에 대화 당사자가 녹음하는 경우, 즉 상대방과 통화를 하는 도중 스마트 폰의 녹음 기능을 이용해도 통신비밀보호법에 위반되지 않습니다. 그렇다면 대화 당사자 일방의 동의를 얻어 제삼자가 녹음한 경우 이것은 타인 간의 대화일까요, 대화 당사자 간의 대화일까요?

판례는 이 경우 타인 간의 대화라고 봅니다. 즉, 일방의 동의를 받아 제삼자가 대화 당사자 간의 전화통화를 녹음하더라도 이것은 통신비밀보호법위반이므로 이로 인해 취득한 내용은 증거능력이 없다고 봅니다. 더구나 통신비밀보호법 제16조에는 '공개되지 아니한 타인 간의 대화를 녹음 또는 청취한 자는 1년 이상 10년 이하의 징역과 5년 이하의 자격정지에 처한다.'라고 규정돼 형사처벌의 대상이 되므로 더욱 주의를 요합니다.

그렇다면 사인이 몰래 찍은 사진은 형사소송절차에서 어떤 효력이 있을까요? 사진에 관해서는 통신비밀보호법과 같은 규정이 없습니다. 그렇다고 사인이 촬영한 모든 사진이 형사소송절차에서 증거로 사용되는 것은 아닙니다. 만약, 이를 허용 시 증거로 사용한다는 핑계로 국민의 사생활을 침해하는 위법행위가 난무할 것이기 때문입니다.

이에 판례는 형사소송에서의 진실발견이라는 공익과 개인의 사생활 보호라는 사익을 서로 비교해 그 허용여부를 결정해야 한다고 판시했습니다. 즉, 사진의 증거가치 등을 고려해 사생활 침해라는 위법은 경미하나 진실발견에 기여하는 증거가치가 클 때는 다소 위법한 방법으로 찍은 사진이라도 증거능력을 인정하는 것입니다. 물론 사생활 침해의 위법정도와 진실발견이라는 공익에 기여하는 정도에 관해서는 촬영방법 및 사건의 심각성, 증거로서의 가치 등 모든 제반사정을 고려해 법원이 판단합니다.

지금까지 사인이 한 비밀녹음과 촬영한 사진이 형사소송절차에서 어떤 효력이 있는지에 관해 알아봤습니다. 앞에서 말했듯이 스마트 폰의 대중화로 인해 누구나 비밀녹음 또는 도촬(도둑촬영)을 할 수 있는 세상이 됐습니다. 무분별한 사인의 증거수집일 경우, 당사자 본인은 억울한 마음에 증거 수집을 위해 한 행위라지만, 어느 누군가에게는 피해를 줄 수 있고 더구나 범죄 행위로써 형사처벌도 가능하다는 것을 명심하시기 바랍니다.

제17편 술김에 죄를 지으면 정당화가 될까?

― 심신장애상태와 그에 따른 법적효과

 딸의 초등학교 동창인 여중생을 유인해 성추행 후 살해한 혐의를 받는 소위 '어금니 아빠'로 불리는 '이영학'은 범행 당시 약물을 복용해 심신미약 상태였으므로 무기징역만은 피하게 해달라고 주장해 세상의 이목을 끌고 있습니다.

 한편, 2008년 57세의 나이로 고작 8살이던 여자아이를 성폭행 후 방치하고 떠난 '조두순'도 범행 당시 술에 만취돼 심신미약 상태였다고 주장해 이를 이유로 징역 12년형을 받았습니다. 참고로 조두순은 2020년에 출소하게 되며 형량이 턱없이 낮은 것에 대한 국민적 공분이 일어 '조두순 출소반대를 위한 청와대 청원'에 2017년 11월 14일 현재 40만 명 이상의 시민이 동참했습니다.

 범죄를 저지른 사람들이 입버릇처럼 주장하는 '자기는 심신미약 상태에 있었다.'라는 주장은 법적으로 과연 어떤 의미가 있을까요? 물론 형을 감경받기 위한 수단이지만, 이에 대한 판단방법 및 법적

효과에 관해서는 잘 모르거나 막연하게 알고 계신 분들이 많은 것 같아 이번에는 이에 관해 알아보겠습니다.

형법 제10조 제1항에서는 심신상실자에 관해 규정하고 있고, 제2항에서는 심신미약자에 관해 규정하고 있습니다(심신상실자와 심신미약자를 합쳐 '심신장애자'라고 합니다). 심신상실자란 심신장애로 인해 사물을 변별할 능력이 없거나 의사를 결정할 능력이 없는 자를 의미하며, 심신미약자란 심신장애로 인해 사물의 변별이나 의사를 결정할 능력이 미약한 자를 의미합니다. 즉, 심신상실자가 심신미약자보다 그 증세가 심각한 경우입니다.

따라서 심신상실일 경우에는 무죄가 되고, 심신미약일 경우에는 형이 감경됩니다. 형을 감경할 때도 법관이 그 날의 기분에 따라 감경하는 것이 아니라 1/2을 감경합니다. 범죄자 입장에서는 엄청 큰 혜택입니다. 그래서 기를 쓰고 심신미약을 주장하는 것입니다.

그런데 심신장애인지 여부를 판단하는 방법은 법률적 판단이기 때문에 전문 감정인의 의견에 따르지 않습니다. 예를 들어, 의사가 범죄자의 정신을 감정해 심신상실 정도로 판단했는데 법원이 독자적으로 판단해 심신미약 정도로 판단하면 심신미약자로 취급합니다. 또는 전문가의 의견으로는 심신미약 상태라 판단해도 법원이 정상이라 판단하면 심신미약으로 인한 형의 감경을 받을 수 없습니다. 물론 법원도 주먹구구식이 아닌 범행의 동기, 경위, 범행 수단, 범행전후의 피고인의 행동 및 반성의 정도 등 모든 사정을 종합적으로 고려해 판단합니다.

　한편 범죄자 입장에서는 맨 정신으로 범죄를 저지르려니 용기가 나지 않아 술을 마시거나 약물을 사용하는 경우가 있습니다. 아무래도 술 등이 들어가면 범행 후 발각에 대한 두려움이나 범죄를 실행함에 있어서 망설임이 덜할 것입니다. 그런데 범행을 저지르기 위해 술이나 약물을 사용해 놓고 나중에 가서 심신미약 상태니 형을 감경해달라는 것은 앞뒤가 맞지 않아 보입니다. 오히려 범죄를 조장하는 느낌까지 듭니다. 따라서 형법 제10조 제3항에서는 위험의 발생을 예견하고 자의로 심신장애를 야기한 자의 행위에 관해서는 형의 감경이나 면제가 없도록 규정했습니다. 즉, 범인이 오늘 사람을 죽이려고 미리 결심을 했는데 도저히 맨 정신으로는 용기가 나지 않아 술을 엄청 먹고 술김에 그 사람을 죽였다면 범인은 살인죄에 관해서는 심신상실자나 심신미약자로 취급받지 않아 형이 감경되거나 면제되지 않습니다. 그런데 만약 범인이 만취상태에서 자신이 계획한 살인을 성공한 후 돌아오는 길에 땅에 떨어진 지갑을 갖고 가면 어떻게 될까요? 맨 정신에 이와 같은 행위를 했다면 점유이탈물횡령죄에 해당할 것이지만, 심신장애 상태에서 이러한 행위를 했기 때문에 점유이탈물횡령죄에 관해 감경이나 면제를 받을 수 있을 것입니다. 왜냐하면 점유이탈물횡령죄는 범인이 처음부터 의도한 것이 아니라 심신장애 상태에서 벌어진 범죄이기 때문입니다.

지금까지 심신장애의 판단 방법 및 그에 따른 법률적 효과에 관해 알아봤습니다. 특히, 미리 위험의 발생을 예견하고 자의로 심신장애를 야기한 경우에는 형이 감면되지 않는다는 것에 주의해야겠습니다.

과연 이영학의 주장대로 약물로 인한 심신미약이 인정될지는 법원이 판단할 일입니다. 그러나 심신미약을 쉽게 인정할수록 국민의 정서와는 거리가 먼 판결이 날 수 있다는 것은 너무나 당연한 일입니다. 한편 더불어 민주당의 신창현 의원은 2017년 12월 4일 주취감형 제도를 폐지하는 내용의 형법 일부 개정안을 대표 발의했는데, 그 결과가 주목됩니다.

내가 가진 돈은 같지만 형량은 천차만별

제18편

– 잔전사기와 점유이탈물횡령죄에 관해

　민법은 고의와 과실을 크게 구별하지 않습니다. 실수로 상대방의 물건을 부숴도 손해배상을 해줘야 하고, 고의로 물건을 부숴도 손해배상을 해줘야 합니다. 그러나 형법은 고의와 과실을 엄격히 구별합니다. 형법에서는 고의로 물건을 부수면 형법 제366조의 손괴죄로 처벌받지만, 실수로 타인의 물건을 부술 경우 형법상으로는 처벌받지 않습니다. 비단 손괴죄뿐만 아니라 사람을 죽였다는 결과는 같지만, 고의인지 과실인지에 따라 살인죄가 되는지 과실치사죄가 되는지가 결정됩니다. 물론 양 죄는 형량에서 큰 차이가 있습니다.

　이렇게 형법에서는 '고의'가 중요한데 고의를 입증하는 것이 쉽지 않습니다. 범인이 자백을 하면 다행인데, 자백하지 않을 경우에는 고의와 상당히 관련성이 있는 사실을 증명하는 방법에 의해 입증할 수밖에 없습니다. 왜냐하면 고의는 내심의 사실이기 때문입니다. 예를 들어, 칼로 사람을 찌른 경우 그 부위가 급소인지 여부, 한 번만 찔렀는지 여러 번 찔렀는지에 따라 살인의 고의를 가졌는지 상해의 고의를 가졌는지를 판단하는 식입니다. 모든 사정을 감안해 판단해도 애매할 때는 '의심스러울 때는 피고인에게 유리하게 (In Dubio Pro Reo)' 원칙에 의해 피고인에게 유리한 판결을 할 수밖에 없습니다.

제 생각에는 설명드린 고의와 관련해 애매한 상황 중에 하나가 잔전사기와 점유이탈물횡령죄가 아닐까 싶습니다. 잔전사기라는 표현도 낯설 것입니다. 때로는 잔전사기가 죄가 된다는 것조차 모르시는 분이 많으므로 먼저 잔전사기에 관해 알아보겠습니다.

잔전사기란, 말 그대로 '거스름돈 사기'입니다. 즉, 물건을 사고 돈을 지급한 후 거스름돈을 받았는데 받을 거스름돈보다 더 많이 받은 경우나 물건을 팔았는데 상대방이 물건 대금보다 돈을 더 준 것을 그냥 받은 경우입니다. 흔히 '사기를 친다'라고 표현하면 작정을 하고 남을 속여 재산적 이익을 취하는 것 같아 죄책감이 앞서지만, 잔전사기일 경우에는 적극적인 행위가 없이 주는 돈을 그냥 받는 것에 불과하니 죄책감이 덜하거나 심지어 재수가 좋다는 생각까지 듭니다. 그러나 이러한 잔전사기도 엄연히 형법상 사기죄에 해당합니다.

그런데 제가 왜 서두에서 굳이 '고의'를 운운했을까요? 고의와 관련해 흥미로운 것이 과다 지급된 돈을 처음부터 알면서 받았으면 사기죄가 성립하지만, 받고 난 후에 과다지급된 것을 알면서도 돌려주지 않은 경우는 제3편에서 소개한 점유이탈물횡령죄가 성립한다는 것입니다. 피해자가 손해를 본 돈의 액수는 같지만, 과다 지급된 사실을 언제 알았느냐에 따라 죄명이 달라지는 것입니다. 그런데 형법 제347조가 규정하고 있는 사기죄는 법정형이 10년 이하의 징역 또는 2천만 원 이하의 벌금이지만, 형법 제360조가 규정하고 있는 점유이탈물횡령죄의 법정형은 1년 이하의 징역이나 300만 원 이하의 벌금 또는 과료입니다. 즉, 양 죄의 법정형 차이가 징역형을 기준으로 10배나 차이가 납니다.

과다 지급된 돈을 받은 경우에는 그 자리에서 즉시 돌려줘야 하는 것이 바람직하겠지만, 상대를 속이기 위한 적극적인 행위가 없다는 점에서 잔전사기의 경우에는 범죄의 유혹에 넘어가기 쉽습니다. 잔전사기와 점유이탈물횡령죄의 경우, 징역형을 기준으로 법정형이 10배나 차이 나고 그 판단 기준은 돈을 받을 때 과다 지급됐는지를 알았는지, 몰랐는지에 따라 판단할 수밖에 없으므로 이 글을 읽는 독자들은 만약 내가 저런 상황에 처했을 때 어떤 태도를 취해야 할지… 각자의 판단에 맡기겠습니다.

제19편

잘못 돌려주면 곱배기로 돌려줄 수도 있다

– 뇌물의 개념 및 몰수·추징에 관해

박근혜 전 대통령이 추가 기소된 국정원 특수활동비 뇌물 사건에 관해 유영하 변호사를 다시 선임했습니다. 만약, 특수활동비가 뇌물로 인정돼 유죄 선고를 받을 경우 박 전 대통령은 공무원이 뇌물 등 불법으로 취득한 재산에 관해 몰수·추징 시효를 3년에서 10년으로 연장한 '공무원범죄에관한몰수특례법'(일명 '전두환 추징법')에 의해 개인재산을 추징당해 국고로 환수될 수도 있다고 합니다(서울신문 2018년 1월 7일 기사 참조).

뇌물범죄에 관한 기사 등을 보면 대체로 몰수·추징이라는 단어가 나옵니다. 물론 몰수·추징이 꼭 뇌물 관련 범죄에서만 나오는 단어는 아닙니다. 그런데 어감과 문맥적 의미로 유추해볼 때, 몰수·추징은 받은 것을 뺏는다는 것 같은데 몰수와 추징의 차이를 구체적으로 아는 사람은 드뭅니다. 아울러 법학은 수학 계산이 아니므로 몰수·추징의 법리가 산술적인 개념과는 다소 다를 것입니다. 이번에는 뇌물죄와 관련된 뇌물의 개념과 몰수·추징에 관해 알아보겠습니다.

'뇌물'의 사전적 의미는 '어떤 직위에 있는 사람을 매수해 사사로운 일에 이용하기 위해 넌지시 건네는 부정한 돈이나 물건'입니다. 그러나 형사법에서 뇌물의 개념은 그보다 더 넓습니다. 즉, 형사법에서 뇌물의 개념은 '직무에 관한 부당한 이익'을 의미합니다. 그렇기 때문에 돈이나 물건이 아닌 '향응, 이성과의 정교, 투기적 사업에 참여할 기회를 얻는 것 등'도 뇌물죄에서의 '뇌물'에 포함됩니다.

아울러 직무관련성이 있어야 하는데 이는 공무원 등이 그 지위에 따라 담당하는 일체의 직무를 의미하며, 그 직무는 꼭 법령에서 정하는 직무뿐만 아니라 그와 관련 있는 직무, 현실적으로 담당하지 않는 직무라도 공무원이 그 직위에 따라 공무로 담당할 일체의 직무를 포함합니다. 예를 들어, 교통계에서 근무하는 경찰관이 도박범행을 묵인하는 등 편의를 봐주는 사례비 명목으로 금원을 교부받은 경우 뇌물죄가 성립합니다.

만약, 뇌물죄가 성립될 경우 그 뇌물은 필요적으로 몰수·추징합니다. 형법 제134조는 '범인 또는 그 정을 아는 제삼자가 받은 뇌물 또는 뇌물에 공할 금품은 몰수한다. 그를 몰수하기 불능한 때는 그 가액을 추징한다.'라고 규정돼 있습니다. 형법 조문을 인용하니 몰수와 추징의 차이점도 저절로 해결됐습니다. 즉, 뇌물 또는 뇌물에 공할 금품을 소비하거나 그 밖의 사유로 몰수할 수 없을 때는 그 가액을 추징하는 것입니다.

그런데 서두에서 언급했듯이 몰수·추징의 법리와 관련해 독자들의 산술적인 개념으로는 다소 이해하기 힘든 부분도 있습니다. 좀 더 구체적으로 말씀드리면 몰수·추징은 뇌물을 현재 보유하고 있는 자로부터 하는 것입니다. 즉, A가 B에게 100만 원을 뇌물로 준 경우, B에게서 100만 원을 몰수하는 것입니다. 그런데 만약 B가 100만 원을 뇌물로 받아놓고 뭔가 찜찜해 A로부터 받은 그 100만 원을 그대로 A에게 돌려준 경우 A에게 100만 원을 몰수합니다. 왜냐하면 뇌물로 제공한 100만 원은 A가 갖고 있기 때문입니다. 여기까지는 수긍할 수 있는 결론입니다. 그런데 만약 B가 A로부터 뇌물로 받은 100만 원을 은행에 예금한 후 곰곰이 생각해보니 뭔가 찜찜해 은행에서 100만 원을 찾아 A에게 돌려준 경우, B로부터 100만 원을 추징합니다. 즉, B는 이미 A에게 은행에서 100만 원을 찾아 돌려줬는데 또 B에게서 100만 원을 추징하는 것입니다. 이쯤 되면 산술적으로는 조금 이해되지 않으실 것입니다. B는 이미 A에게 100만 원을 돌려주고, 또 100만 원을 추징당하니 실질적으로는 B에게 100만 원의 손해가 생겼기 때문이죠. 그런데 앞에서 말했듯이 형사법적인 제재를 꼭 산술적인 개념으로만 대입해 생각할 수는 없습니다. 아울러 눈썰미가 좋으신 분은 이미 눈치챘겠지만, 판례는 뇌물을 은행에 예금하는 것도 뇌물을 '소비'한 것으로 봅니다. 따라서 뇌물을 받은 사람이(수뢰자) 뇌물을 예금한 액수만큼 찾아 뇌물을 준 사람(증뢰자)에게 돌려줘도 이미 뇌물을 소비한 것으로 보아 수뢰자로부터 '추징'하는 것입니다. 같은 법리로 수뢰자가 자기앞수표를 뇌물로 받아 이를 소비한 후 자기앞수표 상당액을 증뢰자에게 반환했다 하더라도 뇌물 그 자체를 반환한 것이 아니므로 이를 몰수할 수 없고 수뢰자로부터 그 가액을 추징합니다.

지금까지 뇌물의 개념과 몰수·추징의 의미 및 몰수·추징의 상대방에 관해 알아봤습니다. 정리하면 뇌물죄에서 뇌물은 '직무에 관한 부당한 이익'을 의미하는데, 사전적인 의미보다 넓습니다. 그리고 몰수는 뇌물 또는 뇌물에 공할 금품을 국가가 강제로 뺏는 것을 말하며, 추징은 몰수할 물건이 없을 때 그에 해당하는 가액을 징수하는 것입니다. 아울러 몰수·추징의 상대방과 관련해 뇌물에 제공된 그 돈 자체가 아닌 이상 은행에 예금하거나 같은 액수의 돈을 반환해도 이는 돈을 소비한 것으로 보아 수뢰자에게서 추징합니다.

이 글을 읽는 독자들은 뇌물의 개념이 일반적으로 생각하는 것보다 넓다는 것을 명심하셔서 불미스러운 일에 엮이지 않았으면 좋겠습니다. 특히 몰수·추징과 관련해 이왕 받은 돈을 돌려주려면 가급적 증뢰자에게 받은 그 돈을 그대로 돌려주시는 것이 추징과 관련해 조금이라도 이로울 것입니다.

제20편 둘 중 어느 것이 더 좋고 누가 더 나쁜 사람일까?

– 집행유예와 선고유예에 관해

    모 재벌 총수의 1심 형량과 관련된 책 한 권이 큰 관심을 모은 적이 있습니다. 『경제, 알아야 바꾼다』라는 책의 본문에 "재벌 총수가 횡령이나 배임으로 기소되면 1심에서 5년을 선고합니다. 그러면 2심에서는 이런저런 이유를 만들어 3년으로 줄여줘요. 정상 참작으로 형을 줄일 수 있는 한도는 50%거든요. 그 다음에는 그동안의 경제발전에 공헌 운운하면서 집행유예를 선고합니다. 우리 형법에는 3년 이하의 형을 받으면 집행유예가 가능하도록 돼 있거든요."라고 적혀 있는데 마침 그 재벌 총수가 1심에서 징역 5년 형을 선고받고 2심에서 징역 2년 6월에 집행유예 4년을 받았습니다. 그러자 사람들은 그 책이 '예언서'라며 회자된 것입니다. 물론 그 재벌 총수가 최종적으로 집행유예를 받을지는 아무도 모릅니다. 하지만 확실한 것은 뉴스를 보면 종종 등장하는 집행유예 또는 선고유예의 요건과 효과를 정확히 아시는 분은 드물다는 것입니다. 이번에는 집행유예와 선고유예에 관해 알아보겠습니다.

집행유예란, 형을 선고함에 있어 일정한 기간 동안 형의 집행을 유예하는 제도입니다. 형법 제62조에서 집행유예의 요건에 관해 규정하고 있는데 ① 3년 이하의 징역이나 **금고**[1] 또는 500만 원 이하의 벌금형을 선고할 경우입니다. 종전에는 벌금형의 경우 집행유예가 불가능했는데, 2018년 1월 7일부터 시행되는 개정 형법에 의해 이젠 500만 원 이하의 벌금형에 대해서도 집행유예가 가능합니다. ② 정상에 참작할 만한 사유가 있어야 합니다. 즉, 형을 집행하지 않고 형을 선고하는 것만으로도 피고인에게 경고기능을 다해 재범의 위험성이 없다고 인정되는 경우여야 합니다. ③ 금고 이상의 형을 선고한 판결이 확정된 때로부터 그 집행을 종료하거나 면제된 후 3년까지의 기간에 범한 죄가 아니어야 합니다. 따라서 금고 이상의 형을 선고한 판결이 확정되기 전에 범한 죄 또는 금고 이상의 형에 대한 집행을 종료하거나 면제된 후 3년 이후에 범한 죄에 관해서는 집행유예를 선고할 수 있습니다.

이러한 집행유예의 요건이 갖춰지면 1년 이상 5년 이하의 범위 내에서 법원의 재량으로 집행유예를 선고할 수 있습니다. 즉, 집행유예 요건이 갖춰져도 선고 여부는 법원의 재량입니다.

어렵사리 집행유예를 선고받고 집행유예기간이 무사히 경과되면 형의 선고는 그 효력을 잃습니다. 따라서 형 집행이 면제되고, 처음부터 형의 선고가 없었던 상태가 되는 것입니다. 다만, 주의해야 할 점은 형의 선고가 있었다는 사실 자체는 없어지지 않는다는 것입니다. 즉, 형 선고에 따른 법률적 효과가 없어지는 것이지 죄를 저질

---

[1] 교도소에 가둬 놓기만 하고 노역은 시키지 않는 자유형

러 형을 선고받았다는 역사적 사질 자체는 없어지는 것이 아닙니다(이는 뒤에서 소개할 선고유예의 결격 사유와도 밀접한 관계가 있기 때문에 미리 강조합니다).

그런데 집행유예보다 자주 등장하지는 않지만, 뉴스에 심심찮게 등장하는 것이 선고유예입니다. '유예'라는 단어가 붙은 것으로 보아 피고인에게 유리한 것 같은데, 그 요건과 효과에 관해서는 정확히 모르는 경우가 많습니다.

선고유예는 경미한 범죄자에 관해 일정한 기간 동안 형의 선고를 유예하는 제도입니다. 경미한 범죄자에게 처벌을 받았다는 오점을 남기지 않음으로써 사회복귀를 용이하게 하기 위한 것입니다. 형법 제59조에서 선고유예의 요건에 관해 규정하고 있는데 ① 1년 이하의 징역이나 금고, 자격정지 또는 벌금의 형을 선고할 경우입니다. 따라서 구류형에 관해서는 선고유예를 할 수 없습니다. ② 개전의 정상이 현저해야 합니다. 즉, 행위자에게 형을 선고하지 않아도 재범의 위험이 없다고 인정되는 경우여야 합니다. ③ 자격정지 이상의 형을 받은 전과가 없어야 합니다. 따라서 벌금·구류·과료 등의 전과가 있는 사람에 관해서는 선고유예가 가능합니다. 그런데 앞에서 말했듯이 '자격정지 이상의 형을 받은 전과'라 함은 자격정지 이상의 형을 선고받은 사실 자체가 없어야 한다는 것을 의미합니다. 따라서 집행유예를 선고받고 그 기간이 무사히 도과돼도 집행유예에 해당하는 범죄를 저질러 선고를 받았다는 사실 자체는 사라지는 것이 아니므로 선고유예의 결격사유가 될 수 있습니다.

이러한 선고유예의 요건이 갖춰지면 법원은 재량으로 선고유예의 판결을 할 것인지를 정할 수 있습니다. 만약, 선고유예 판결을 할 경우 집행유예기간이 1년 이상 5년 이하의 범위에서 결정되는 것과 달리 선고유예기간은 2년으로 법정돼 있습니다. 아울러 무사히 2년이라는 유예기간이 경과된 때에는 **면소**[2]된 것으로 간주합니다.

지금까지 집행유예와 선고유예에 관해 알아봤습니다. 집행유예와 선고유예의 정확한 요건은 기억을 못해도 양자의 뉘앙스 차이라도 알면 뉴스 등을 보실 때 훨씬 편할 것입니다. 즉, 선고유예가 집행유예보다 죄질이 가벼운 경우이고, 선고유예를 받는 사람은 과거에 자격정지 이상의 전과를 받은 적이 없는 다소 선량한(?) 사람이며, 굳이 형을 선고하지 않아도 다시는 죄를 짓지 않을 것이라는 기대감이 있는 사람입니다. 비록 사소해 보이지만 조그만 배경지식을 갖고 뉴스를 접한다면 수동적으로 뉴스를 접할 때 좀 더 생생한 정보로 다가올 것입니다.

---

2) 형사소송에서 소송을 계속 진행시키기 위한 소송조건이 결여돼 소송절차를 종료시키는 종국재판

제3장

헌법 영역

양심적 병역거부, 존엄사, 헌법개정 등은 뉴스에 자주 등장하는 용어지만, 그 개념이 딱히 잡히지 않거나 과연 헌법적으로 무엇이 문제되는 것인지 이해하기가 어려운 경우가 있을 것입니다. 인터넷 검색을 하려니 부담스럽고 누구에게 물어보기엔 부끄러운 헌법 관련 주제를 명쾌하게 알아보겠습니다.

생각보다 많은 일을 하는 헌법재판소

- 헌법재판소가 하는 일

헌법재판소가 생긴 이래 2017년만큼 국민들의 많은 관심을 받은 적은 없었을 것입니다. 대통령제가 탄생한 미국에서조차 한 번도 이뤄지지 않은 현직 대통령의 파면이 2017년에 있었기 때문입니다. 이로써 헌법재판소의 존재감은 그 어느 때보다 확실해졌지만, 헌법재판소가 하는 일에 관해선 의외로 모르시는 분들이 많습니다. 이번에는 헌법재판소가 하는 일에 관해 알아보겠습니다.

1. 위헌법률심판

국회가 의결한 법률이 헌법에 위반되는지 여부를 헌법재판소가 심사하고 그 법률이 헌법에 위반되는 것으로 인정되는 경우에는 그 법률을 적용하지 않거나 그 효력을 상실시키는 것입니다(헌법재판소법 제41조 이하). 뒤에서 소개할 위헌심사형 헌법소원과 달리 '법원'만이 법률의 위헌여부에 관해 헌법재판소에 위헌제청을 할 수 있습니다. 쉽게 말해 법관이 재판을 하다가 그 사건에 적용되는 법률이 아무래도 위헌인 것 같은 합리적 의심이 있을 때 헌법재판소에 이 법률이 위헌인지 여부를 심사해달라고 신청하면 헌법재판소가 이에 관해 심사하는 것입니다.

2. 헌법소원심판

 헌법소원의 종류는 '권리구제형 헌법소원과 위헌심사형 헌법소원'의 두 가지가 있습니다. 이 중 권리구제형 헌법소원이 본래적 의미의 헌법소원이고, 위헌심사형 헌법소원은 세계에서 그 유래를 찾기 힘든 헌법재판 절차입니다.

 1) 권리구제형 헌법소원(헌법재판소법 제68조 제1항)
 공권력의 행사 또는 불행사로 인해 헌법상 보장된 기본권이 현실적으로 직접 침해당한 사람이 헌법재판소에 그 공권력의 위헌여부를 심사해달라고 하면 헌법재판소가 이를 심사해 당사자의 권리구제를 도모하는 것입니다.

 2) 위헌심사형 헌법소원(헌법재판소법 제68조 제2항)
 위헌법률심판 제청신청이 법원에 의해 기각된 경우 제청신청을 한 당사자가 청구하는 헌법소원을 말합니다. 쉽게 말해 재판을 하면서 당사자가 법원에 '이 사건에 적용되는 법률이 위헌인 것 같으니 헌법재판소에 위헌인지 여부를 물어봐주세요.'라고 부탁했는데 법원이 보기에는 합헌으로 생각돼 그 신청을 기각해 버립니다. 이 경우 당사자는 억울한 마음이 생길 것입니다. '법원이 헌법재판소도 아닌데 너희들이 뭐라고 함부로 합헌이라 결정하는 거야?' 즉, 당사자의 이런 억울한 마음을 풀어주기 위해 법원에 위헌법률심판 제청을 했는데 법원이 기각 결정을 한 경우, 당사자가 헌법재판소에 청구하는 헌법소원입니다. 결국 위헌심사형 헌법소원은 실질적으로 위헌법률심판이라고 할 수 있습니다.

3. 권한쟁의심판

국가기관 상호간, 국가기관과 지방자치단체 간 및 지방자치단체 상호간에 권한의 존부 또는 범위에 관해 다툼이 발생한 경우, 헌법재판소가 그 권한의 존부·내용·범위 등을 명확히 함으로써 기관 간의 분쟁을 해결하는 제도를 말합니다(헌법재판소법 제61조 이하).

4. 위헌정당해산심판

정당의 목적과 활동이 민주적 기본질서에 위배된다고 판단될 때에는 정부는 국무회의의 심의를 거쳐 헌법재판소에 그 해산을 제소할 수 있는데, 이 경우 헌법재판소가 그 정당의 해산여부를 심판하는 것입니다(헌법재판소법 제55조 이하). 2014년 12월 19일 헌정사상 최초로 헌법재판소에 의해 통합진보당의 해산이 결정됐습니다.

5. 탄핵심판

대통령, 국무총리, 국무위원 및 행정각부의 장, 헌법재판소 재판관, 법관 및 중앙선거관리위원회 위원, 감사원장 및 감사위원, 그 밖에 법률에서 정한 공무원이 직무집행에서 헌법이나 법률을 위반한 경우, 국회는 헌법 및 국회법에 따라 탄핵 소추를 의결할 수 있는데, 이 경우 헌법재판소가 탄핵심판 청구가 이유 있는지 여부를 판단합니다. 물론 탄핵심판 청구가 이유 있으면 헌법재판소는 피청구인을 해당 공직에서 파면하는 결정을 선고합니다(헌법재판소법 제48조 이하).

6. 그 밖의 사건들

위에서 설명한 사건들 외에 헌법재판소는 헌법재판에 관한 재심 등 각종 특별사건, 헌법재판에 관한 국선대리인선임신청·가처분신청·기피신청 등 각종 신청사건 등을 담당합니다.

지금까지 헌법재판소가 하는 일에 관해 알아봤습니다. 군가산점 위헌 여부 심판, 대통령 탄핵심판, 통합진보당 해산 심판 등 사회적으로 큰 관심을 불러일으키는 사건에는 헌법재판소가 있었습니다. 그러나 헌법재판과 관련해 사회적으로 큰 관심을 받는 사건이 자주 있는 것은 아니어서 헌법재판소가 담당하는 영역을 체계적으로 알아보기는 어려웠을 것입니다. 이 기회에 헌법재판소가 하는 일을 알아 놓으면 헌법재판과 관련된 소식을 좀 더 풍부한 시각으로 바라볼 수 있을 것입니다.

제2편

양심을 지키기 위한
1년 6개월의 실형

– 양심적 병역거부와 대체복무제 도입에 관해

  2017년 11월 13일을 기준으로 '양심적 병역거부'에 대한 1심 법원의 무죄판결이 2017년에만 36번째 있었습니다. 2004년 5월 이정렬 서울 남부지법 판사가 오모 씨 등에게 처음으로 무죄를 선고한 이후 53번째 무죄판결입니다.

  2004년에서 2014년까지 4건, 2015년에 6건, 2016년에 7건이던 무죄판결이 2017년에만 36건으로 작년보다 다섯 배 이상 급증했습니다. 비록 아직까지 대법원에서 무죄판결이 나온 적은 없지만, 하급심에서 급증하는 무죄판결은 양심적 병역거부에 관해 우리에게 시사하는 바가 큽니다. 그렇다면 헌법적 관점에서 양심적 병역거부에 관해 좀 더 자세히 알아보겠습니다.

  병역법 제88조 제1항 본문은 '현역입영 또는 소집 통지서(모집에 의한 입영 통지서를 포함한다)를 받은 사람이 정당한 사유 없이 입영일이나 소집일로부터 다음 각 호의 기간이 지나도 입영하지 아니하거나 소집에 응하지 아니한 경우에는 3년 이하의 징역에 처한다.'라고 규정돼 있습니다. 그렇다면 '정당한 사유' 속에 양심에 의한 병역거부가 포함되는지가 문제가 됩니다. 그런데 양심적 병역거부는 특정 종교의 신자들에 의해 주로 야기됩니다. 그 종교의 교리상 군대(집총)를 거부하다 보니 그렇습니다. 그렇기 때문에 헌법 제20조가 보장하고 있는 종교의 자유와도 관련이 있어 보이지만, 양심적 병역거부는 비종교인에 의해서도 발생할 수 있으므로 헌법재판소는 헌법 제19조에 규정돼 있는 양심의 자유와 관련해 이를 심사합니다.

그런데 양심이라는 단어가 너무나 추상적이어서 정의하기가 참 어렵습니다. 양심적 병역거부와 관련해 농담반 진담반으로 '마음속으로는 군대 가기 싫지만 처벌이 두려워 간 사람들은 모두 비양심적인 사람이냐'라고 항변하는 분도 있습니다. 이와 관련해 헌법재판소는 양심에 관해 '어떤 일의 옳고 그름을 판단함에 있어서 그렇게 행동하지 않고서는 자신의 인격적인 존재가치가 파멸되고 말 것이라는 절박하고 진지한 마음의 소리'라고 정의했습니다. 물론 헌법재판소가 이런 정의를 내렸다고 해서 그것이 정답이 되는 것은 아니지만, 적어도 헌법적인 영역에서 '양심'의 개념은 우리가 일상생활에서 사용하는 것보다 더 무게감이 있는 단어일 것입니다.

예를 들어, 사법시험 합격자 가운데 최초로 양심적 병역거부로 기소된 백종건 변호사는(사법연수원 40기) 변호사 재등록이 거부됐습니다. 종교적 교리를 이유로 양심적 병역거부를 한 백종건 변호사는 징역 1년 6월의 실형을 확정받고 출소 후 변호사 재등록 신청을 했지만 심사기관인 대한변호사협회는 '금고 이상의 형을 선고받고 그 집행이 끝난 후 5년이 지나지 않은 사람은 변호사가 될 수 없다'라고 규정된 변호사법 제5조를 근거로 백종건 변호사의 재등록신청을 거부했습니다. 양심에 따른 병역거부의 결과 1년 6개월이라는 실형에 이어 그에 따른 후속조치도 감수해야 하니 양심을 지키기 위한 양심적 병역거부자들의 결단을 결코 가벼이 볼 수 없을 것입니다.

문제가 된 병역법에 관해선 2004년, 2011년에 헌법재판소에서 합헌 결정이 나왔습니다. 그 주된 논거로써 '헌법은 병역의무와 관련해 양심의 자유를 일방적으로 우위로 할 어떠한 규범적 표현도 하지 않고 있는 만큼 양심의 자유는 개인에게 병역의무의 이행을 거부할 권리나 대체복무를 요구할 권리를 부여하지 않는다.'라고 판시했으며, 대체복무제에 관해서는 '남북이 대치하고 있는 우리나라의 특유한 안보상황, 대체복무제 도입 시 발생할 병력자원의 손실 문제, 병역거부가 진정한 양심에 의한 것인지 여부에 대한 심사의 곤란성, 사회적 여론이 비판적인 상태에서 대체복무제를 도입하는 경우 사회통합을 저해해 국가 전체의 역량에 심각한 손상을 가할 우려가 있다는 점 등을 이유로 대체복무제를 택하지 않은 입법자들의 판단이 현저히 불합리하거나 명백히 잘못됐다고 할 수 없다.'라고 판시했습니다.

사법기관인 헌법재판소는 입법자의 입법형성권을 존중해 입법자의 판단이 명백히 잘못됐을 때만 위헌이라 할 수 있기 때문에 이러한 판시를 한 것입니다.

양심적 병역거부와 관련해 헌법재판소의 합헌 판결이 2011년 8월 30일에 선고됐으므로 벌써 7년이란 시간이 흘렀습니다. 그 시간 동안 남북한의 안보상황이나 양심적 병역거부에 대한 사회적 인식이 어떻게 바뀌었는지는 정확히 알 수 없습니다. 다만, 국가인권위원회가 2017년 1월에 발표한 '국민인권의식조사'에 따르면, '양심적 병역거부를 허용해야 한다.'는 의견은 46.1%로 2005년의 10.2%에 비해 4배 이상 증가했으며, 국제엠네스티 한국지부가 2016년 성인남녀 1004명을 대상으로 한 조사에서는 응답자의 72%가 양심적 병역거부를 이해할 수 없다고 답했지만, 대체복무제 도입에는 70%가 찬성한다고 답했습니다(부산일보 2017년 11월 10일 기사 참조).

박상기 법무부 장관은 인사청문회에서 '대체복무제를 도입하는 방향으로 많은 논의가 필요하다.'라고 했고, 김명수 대법원장 역시 국회 인사청문회를 앞두고 '개인적으로 양심적 병역거부권을 인정할 필요성이 있다.'라고 했습니다. 아울러 이진성 헌법재판소장 역시 '대체복무제의 필요성에 공감할 수 있다.'라고 했습니다. 행정부와 사법부에 이은 입법부의 움직임도 있으니 국회법제사법위원회 소속 박주민 더불어 민주당 의원은 '대체복무요원이 대체복무 기관 등에서 사회복지 또는 공익과 관련된 강도 높은 업무를 수행하되 집총을 수반한 업무인 국군, 경비교도대, 전투경찰대 등에 복무할 수 없도록 하고 그 기간은 현역의 1.5배로 하며 합숙을 기본으로 한다.'는 내용을 골자로 한 '병역법과 예비군법 일부 개정 법률안'을 발의했습니다.

　양심적 병역거부와 대체복무제 도입이 지금 필요한 상황인지 아직 시기상조인지는 개인의 생각에 따라 다를 수 있습니다. 다만, 양심적 병역거부자에 대한 하급심 무죄판결이 급증하고 있고, 법무부장관 및 대법원장과 헌법재판소장이 대체복무제에 긍정적이며, 이에 대한 개정 법률안까지 발의된 지금의 상황에서 향후 그 결과를 유심히 지켜봐야 할 것입니다.

제3편 대통령이 되기 위한 나이와 국회의원이 되기 위한 나이의 차이점

– 헌법개정 절차의 대상이 되는 헌법에 관해

　국회 헌법개정특별위원회(이하 '개헌특위')는 2017년 12월 8일부터 삶의 현장을 방문해 개헌에 대한 국민들의 생생한 의견을 듣는 '찾아가는 개헌발언대(일명 개헌배달 프로젝트)'를 시행한다고 밝혔습니다.

　개헌배달 프로젝트는 8일 의정부 행복로를 시작으로 개헌트럭과 바이크가 전국 방방곳곳을 다니며 각계각층 국민의 개헌의견을 영상인터뷰 형식으로 청취할 예정이라고 합니다.

　행사장에서는 개헌 주요 이슈 설명이 담긴 개헌 레시피 카드가 제공되며, 카드 뒷면에는 개헌에 대한 의견을 적어 낼 수 있습니다. 이렇게 모인 개헌의견은 개헌특위 홈페이지 등을 통해 공유되며 국회에서의 개헌 논의에도 적극 반영될 예정이라고 합니다(이데일리 2017년 12월 7일 기사 참조).

　개헌이 점점 가시화되고 있습니다. 특히, 요즘 뉴스에서 종종 등장하는 개헌특위는 1987년 9차 개헌 이후 30년 만에 10차 개헌을 위해 출범한 기구로 이주영 자유한국당 의원을 위원장으로 해 36명의 여야 의원들이 포함돼 있으며 학자·변호사·활동가 등 53명으로 구성된 자문위원회도 있습니다. 아울러 2017년 11월 문재인 대통령은 국회 시정 연설에서 "내년 지방선거 때 개헌 국민투표를 함께 하는 것이 바람직하며 그 시기를 놓친다면 국민들의 개헌에 관한 뜻을 모으기가 쉽지 않을 것"이라며 국회에서 일정을 감안해 개헌을 논의해 주기를 당부하는 등 개헌의 시기까지 조율되고 있습니다. 물론 2018년 6월 지방선거 때 개헌국민투표를 할 수 있을지의 여부는 아직 불투명하지만, 개헌특위구성이나 여러 제반 사정을 고려할 때 그 어느 때보다 개헌의 가능성이 높은 것은 사실입니다.

개헌, 즉 헌법개정은 과연 무엇일까요? 단어 그대로 풀이한다면 '헌법을 고치는 것'입니다. 그렇다면 지금 논의되고 있는 헌법개정의 대상이 되는 헌법은 무엇일까요? 아울러 정당한 절차를 거친다면 헌법과 관련된 모든 것을 바꿀 수 있을까요? 국회에서 합의하고 국민투표로 통과된다면 대한민국이 군주국이 될 수도 있는 것일까요? 이쯤 되면 조금씩 머리가 아파옵니다. 이번에는 세 편에 걸쳐 지금 논의되고 있는 헌법개정의 대상, 헌법개정의 의미 및 개정의 한계와 절차 그리고 헌법개정과 관련해 각 정당의 가장 첨예한 대립이 있는 정부 형태에 관해 알아보겠습니다.

헌법의 사전적 정의는 '국가의 통치조직과 통치작용의 기본원리 및 국민의 기본권을 보장하는 근본규범'입니다. 이러한 정의를 바탕으로 헌법의 존재형식에 따라 헌법을 나눈다면 형식적 의미의 헌법과 실질적 의미의 헌법이 있습니다. 형식적 의미의 헌법이란, 그 내용과 상관없이 헌법전에 성문화된 규범을 의미합니다. 대한민국의 경우에는 헌법 조문이 130조까지 있습니다. 이것이 형식적 의미의 헌법입니다.

그런데 단지 130개의 조문으로 국가질서의 기본구조나 국민의 기본적 인권 등을 모두 규정하는 것은 입법기술상 거의 불가능합니다. 따라서 그 형식과 상관없이 국가질서의 기본구조, 국민의 기본적 인권, 국가권력의 근본조직과 작용 등에 관한 내용을 담고 있는 모든 법규범을 실질적 의미의 헌법이라 합니다. 예를 들어, 국회법, 정당법, 정부조직법 등이 실질적 의미의 헌법인 것입니다. 그렇다면 국회법, 정당법 등을 개정하는 것도 헌법개정이라고 할까요? 물론 그렇지 않습니다. 실질적 의미의 헌법이 헌법전의 형식으로 규정돼 있으면 헌법으로서의 효력을 갖지만, 법률의 형식으로 존재하는 경우에는 법률로서의 효력을 가집니다. 따라서 국회법이나 정당법은 법률의 형식으로 존재하므로 이들 법을 개정하기 위해선 헌법개정 절차가 필요 없습니다. 가령 헌법 제67조 제4항에는 대통령으로 당선될 수 있는 자는 선거일 현재 40세가 돼야 한다고 규정돼 있습니다. 따라서 40세가 아닌 39세나 41세로 바꾸기 위해서는 헌법개정 절차가 필요합니다. 그러나 국회의원으로 당선될 수 있는 나이에 관해서는 공직선거법 제16조 제2항에 25세 이상의 국민으로 규정돼 있습니다. 따라서 25세가 아닌 24세나 26세로 바꾸기 위해서는 헌법개정 절차가 아닌 일반 법률의 개정절차에 따르면 됩니다. 대통령이나 국회의원 모두 헌법기관이며 국민의 대표자이지만 당선될 수 있는 나이가 헌법에 직접 규정돼 있는지, 일반 법률에 규정돼 있는지에 따라 개정절차에 차이가 나는 것입니다.

지금까지 헌법개정의 대상에 관해 알아봤습니다. 참고로 헌법재판소가 '신행정 수도의 건설을 위한 특별 조치법'에서 판시했듯이 서울이 대한민국의 수도라는 등의 관습헌법의 개정을 위해서도 헌법개정 절차가 필요하지만, 성문헌법 국가에서 관습헌법이라는 것은 다소 예외적인 것이며, 요즘 논의되는 헌법개정과는 조금 거리가 있어 이에 대한 설명은 생략하겠습니다. 그렇다면 다음 편에서는 헌법개정 절차만 거치면 어떤 내용으로든 헌법을 개정할 수 있는지와 관련해 헌법개정의 의미와 한계, 아울러 논의의 전제로 헌법개정 절차에 관해 알아보겠습니다.

민주공화국은 영원하리라
– 헌법개정의 의미와 절차 및 개정의 한계

앞에서는 헌법개정 절차를 거쳐야 하는 헌법에 관해 알아봤습니다. 국가의 근본조직 및 기본적 인권에 관한 사항이라도 헌법전에 규정돼 있으면 헌법개정 절차를 거쳐야 하고, 법률의 형식으로 규정돼 있으면 헌법개정 절차가 필요 없습니다.

헌법은 개정방법에 따라 일반 법률보다 개정방법이 어려운 경성헌법과 일반 법률과 개정 절차가 같은 연성헌법으로 나눌 수 있는데, 대한민국은 경성헌법입니다. 헌법은 국가의 근본규범인데 너무 쉽게 개정되면 혼란을 가중시킬 수 있기 때문입니다. 즉, 제가 헌법개정 절차를 거쳐야 한다고 말씀드리는 것은 일반 법률 개정절차보다 더 까다롭다는 의미입니다.

헌법개정 절차는 헌법 제128조 이하에서 규정하고 있는데, ① **국회의원 재적 과반수 또는 대통령에 의해 개헌안에 대한 발의가 있어야 합니다.** 만약, 대통령이 발의할 경우에는 국무회의의 심의를 거쳐야 합니다. ② 헌법개정안이 발의되면 국민이 헌법개정안을 알고 이에 대한 여론형성 및 합의의 시간이 필요할 것입니다. 따라서 **대통령은 20일 이상의 기간 동안 헌법개정안을 공고해야 합니다.** ③ 헌법개정안이 공고까지 됐는데 국회에서 마냥 늦장을 부리면 안 될 것입니다. 따라서 **공고된 날로부터 60일 내에 국회 재적의원 3분의 2이상의 찬성으로 의결해야 합니다.** 참고로 역사적 증거를 남기기 위해 헌법개정안에 대한 의결은 기명투표로 실시합니다. ④ **국회의결 후 30일 이내에 국민투표를 실시합니다.** 즉, 전편에서 말씀드린 문제인 대통령이 2018년 6월 지방선거에 맞춰 국민투표를 실시해야 한다고 할 때 그 국민투표가 이에 해당합니다. 좀 더 구체적으로는 국회의원 선거권자 과반수의 투표와 투표자 과반수의 찬성을 얻으면 헌법개정이 확정됩니다. ⑤ 이렇게 **국민투표로 개정안이 확정되면 대통령은 즉시 공포해야 합니다.**

그런데 국민투표를 거치는 등 까다로운 헌법개정 절차를 거쳤다면 어떠한 내용으로든 헌법을 바꿀 수 있는 것일까요? 이에 관한 논의를 위해선 '헌법개정'의 의미를 좀 더 살펴볼 필요가 있습니다. 헌법개정이란, 헌법이 정한 절차에 따라 헌법의 기본적 동일성을 유지하면서 헌법의 특정조항을 수정·삭제하거나 새로운 조항을 추가시키는 것을 의미합니다.

즉, 기본적 동일성이 상실되면 헌법개정이 아닌 것입니다. 예를 들어, 혁명이 일어나 기존의 헌법전을 폐기하며, 그 기초가 되는 **헌법제정권력**[1]까지 배제하는 것을 '헌법의 파괴'라 부르고, 쿠데타 등

---

1) 헌법을 만들고 헌법상 국가기관에 권한을 부여하는 근원적인 권력

으로 기존의 헌법전을 배제하지만 헌법제정권력은 변경되지 않는 것을 '헌법의 폐제'라 부릅니다. 결국 헌법이 바뀐다고 이를 무조건 '헌법개정'이라고는 하지 않습니다.

그렇다면 헌법개정에는 한계가 없을까요? 헌법이 정하는 개정절차만 따른다면 어떠한 조항이나 내용도 개정할 수 있다는 견해도 있지만, 대체적으로는 헌법개정절차를 거치더라도 개정할 수 없는 헌법규정이나 내용이 있다고 봅니다. 앞에서 말했듯이 헌법이 개정되기 위해서는 헌법의 기본적 동일성을 유지해야 하므로 개정절차를 따르더라도 헌법의 기본적 동일성을 상실케 하는 헌법개정은 이미 헌법개정이 아니라 헌법의 파괴에 불과하기 때문입니다. 참고로 대한민국의 경우 제1공화국의 제2차 개정헌법에는 '국민주권·민주공화국가·국민투표에 관한 규정은 개폐할 수 없다.'라는 규정이 있었지만, 현행헌법에는 명시적으로 개정을 금지하는 조항은 없습니다. 단지 헌법학자들에 따라 대한민국 현행 헌법에서 개정 대상이 될 수 없는 사항이나 내용에 관해 견해가 대립하는데, 대체로 민주공화국, 국민주권주의, 복수 정당제도 등은 헌법개정금지 대상으로 보고 있습니다.

결국 아무리 정당한 헌법개정 절차를 거치더라도 대한민국이 갑자기 군주국이 될 수는 없습니다. 왜냐하면 대한민국을 군주국으로 하는 것은 헌법의 기본적 동일성이 상실되는 것이기 때문에 헌법개정의 한계를 넘어서기 때문입니다. 그렇다면 대통령제인 대한민국을 의원내각제로 하는 것은 어떨까요? 즉, 정부 형태를 바꾸는 것은 가능할까요? 물론 가능합니다. 만약, 정부 형태가 개성금지

조항이라면 대통령의 권한이 너무 집중돼 있어 이를 분산시키려는 이원집행부제나 차라리 의원내각제로 정부 형태를 바꾸자는 논의 자체가 나오지 않을 것입니다.

다음에는 각 정당에 따라 가장 첨예하게 대립하고 있는 정부 형태에 관해 설명드리겠습니다.

제5편 대통령과 수상 중 누구를 선택할 것인가?

– 대통령제와 의원내각제 및 이원집행부제에 관해

    국회 헌법개정특별위원회(이하 '개헌특위') 소속 의원들은 2017년 12월 6일 오후 국회에서 전체회의를 열고 선거, 정부 형태 등에 대한 집중토론을 벌였습니다. 특히, 개헌특위 위원들은 각 정당별로 정부 형태에 관해 의견 차이를 드러냈는데 전현희 더불어 민주당 의원은 "4년 중임제가 5년 단임제의 한계를 극복하고 책임정치를 구현하는 옳은 방향"이라고 했으며, 정종섭 자유한국당 의원은 "제왕적 대통령제에 대한 개혁이 필요하다.", "승자독식 대통령이 국무총리와 내각을 무력화하고 검·경, 감사원, 공정위 등을 장악해 통치수단으로 이용하고 있다."라며 내각제 개헌을 주장했습니다. 한편 이상돈 국민의당 의원은 '의원내각제에 기초한 분권형 정부 형태'가 국민의당 기본 입장이라고 설명했으며, 이종구 자유한국당 의원은 "분권형 이원집행부제와 4년 중임제의 접점을 찾아야 한다는 결론이 나온 것 같다."라며 합의점을 찾을 것을 촉구했습니다(뉴스1코리아 2017년 12월 7일 기사 참조).

정부 형태란, 국가의 권력구조가 어떠한 형태로 이뤄져 있는지에 관한 것으로서 권력분립의 원칙에 내포돼 있는 '통제의 원리' 등의 구체적 실현 형태라고 할 수 있습니다. 특히, 입법과 행정과의 관계를 기준으로 한 대통령제·의원내각제를 기본유형으로 하며, 제3유형의 정부 형태로 이원집행부제나 회의제가 있습니다. 특히, 정부 형태는 전편에서 살펴본 헌법개정금지 사항도 아니기 때문에 언제든지 헌법개정을 통해 정부 형태를 바꿀 수 있습니다. 이번에는 대통령제와 의원내각제 그리고 요즘 논의되고 있는 이원집행부제에 관해 알아보겠습니다.

대통령제는 의회로부터 독립하고 의회에 관해 정치적 책임을 지지 않는 대통령 중심으로 국정이 운영되며, 대통령에 관해서만 정치적 책임을 지는 국무위원에 의해 구체적인 집행업무가 행해지는 정부 형태를 의미합니다. 대통령제의 가장 본질적인 요소는 입법부와 집행부의 조직과 활동이 상호 독립적이라는 것입니다. 즉, 대통령이 의회를 선출하지 않고, 의회의 조직과 활동도 집행부와 완전히 독립돼 완전히 독자적으로 이뤄지며 대통령에게 의회 해산권이 인정되지 않습니다. 이와 아울러 대통령은 행정부 수반인 동시에 국가원수로서의 지위도 갖고 있으므로 집행부가 일원화돼 있습니다. 이러한 대통령제에서는 행정부와 입법부가 상호견제를 함으로써 균형을 유지하는데, 대통령 측에서는 대통령의 **법률안거부권**[1] 등에 의해 실현되고 의회 측에서는 외국과의 조약체결에 대한 동의,

---

1) 정부에 이송된 법률안에 관해 이의가 있을 때 대통령이 그 법률안을 국회로 환부해 재의(再議)를 요구할 수 있는 권한

집행부 고위 공무원임명에 대한 동의 등을 통해 실현됩니다. 대통령제의 장점으로는 대통령은 의회의 신임여부와 상관없이 재직하므로 집행부의 안정성이 담보되며, 의회다수파의 횡포를 대통령이 법률안거부권을 행사해 견제할 수 있다는 점입니다. 그러나 단점으로는 대통령의 독재화가 가능하며 집행부와 의회가 대립할 경우 이를 해결할 방법이 없어 정국의 불안감을 조성할 수 있다는 점입니다.

의원내각제는 의회에서 선출되고 의회에 관해서 정치적 책임을 지는 내각 중심으로 국정이 운영되는 정부 형태를 의미합니다. 의원내각제의 본질적 요소는 의회와 정부가 상호의존적이라는 것입니다. 즉, 집행부의 장인 수상이 의회에서 선출되고 수상에 의해 인선되는 각료들이 수상의 정책지침에 따라 구체적인 집행업무를 담당하지만, 수상과 함께 언제나 의회에 관해 그 정치적 책임을 집니다. 따라서 의회의 **내각불신임권**[2]과 내각의 의회해산권, 내각의 법률안제출권과 각료의 자유로운 의회출석·발언권, 내각 내에서 수상의 우월적 지위 등이 의원내각제의 본질적 요소에 속합니다. 이러한 의원내각제의 장점으로는 내각의 성립과 존속이 국민의 대표기관인 의회에 의존하므로 민주주의적 요청을 만족시킬 수 있고, 내각이 의회에 관해 연대책임을 지므로 책임정치를 구현할 수 있으며, 의회와 내각이 대립하는 경우 내각불신임 결의와 의회해산으로 정치적 대립을 신속히 종결시켜 정국의 안정화를 도모할 수 있다는 점입니다. 그러나 단점으로는 군소정당이 난립하거나 내각에

---

[2] 내각이 정치를 못할 경우 책임을 물어 내각 구성원 전원을 사퇴하게 할 수 있는 권한

대한 빈번한 불신임결의로 정국의 불안정을 초래할 수 있고, 내각이 의회의 의사에 구애받지 않는 강력한 정치를 추진할 수 없으며, 내각이 원내 다수당과 제휴해 다수의 횡포를 자행할 수 있다는 점입니다.

이원집행부제란, 집행부가 대통령과 내각의 두 기구로 구성되고 대통령과 내각이 각기 집행에 관한 실질적 권한을 나눠 갖는 정부 형태를 의미합니다. 즉, 대통령제 요소와 의원내각제의 요소가 혼합돼 있는 절충형 정부 형태이며, 오스트리아 헌법, 포르투갈 헌법, 핀란드 헌법 등이 채택하고 있습니다. 이원집행부제의 특징은 집행부가 대통령과 내각의 두 기구로 구성되는 이원적 구조를 갖고 있으며, 대통령은 국민에 의해 직접 선출되고, 내각의 수상은 원내다수당의 지도자가 선출됩니다. 이러한 이원집행부제에선 대통령과 수상 각기 집행에 관한 실질적인 고유권한을 보유하고 행사하는데, 대체로 대통령은 외교, 국방 등 국가안보에 관한 사항을 관장하고 **국가긴급권**[3]을 보유하며, 수상은 법률의 집행권과 그 밖의 일반 행정에 관한 사항을 관장합니다. 그리고 대통령은 수상임면권과 의회해산권 등을 행사할 수 있지만, 의회는 수상의 내각에 관해서만 불신임결의를 할 수 있고, 대통령에 관해서는 불신임결의를 할 수 없습니다. 이러한 이원집행부제의 장점은 평상시 의원내각제적인 운영을 통해 행정부와 입법부의 마찰을 피할 수 있고, 국가 위기

---

3) 전쟁내란 등 평상시의 입헌주의적 통치기구로는 대체할 수 없는 비상사태에 있어서 국가의 존립을 보전하기 위해 계엄선포 등의 비상수단을 취할 수 있는 예외적인 권한

시에는 대통령의 직접 통치로 신속하고 안정적인 국정처리가 가능하다는 것이지만, 단점은 대통령 소속 정당이 소수당일 경우에는 다수당의 지지를 받는 자를 수상으로 임명함으로써 대통령과 수상의 권력투쟁이 벌어질 가능성이 크고, 대통령과 수상의 내각이 동일한 정당 소속일 경우에는 권력의 집중으로 말미암아 독재화할 위험성을 안고 있다는 점입니다.

지금까지 정부 형태에 관해 알아봤습니다. 특히 이원집행부제는 전통적인 정부 형태인 대통령제나 의원내각제에 비해 조금 낯설 것입니다. 정부 형태에 관해선 아직 각 정당끼리 첨예한 대립이 있어 이에 대한 이견을 줄이기가 쉽지 않아 보입니다. 다만, 우리에게는 익숙한 대통령제도 헌법개정을 통해 언제든지 바뀔 수 있으므로 각 제도의 특징과 장단점을 정확히 알아두는 것이 주권자의 한 사람으로서 올바른 태도일 것입니다.

제6편 지금도 존재하는 샤일록
– 사인 간에 있어 헌법이 적용되는 원리

  형법이나 민법은 우리 생활과 밀접합니다. 당장 형법을 위반하면 징역이나 벌금이 부과되고 민법을 위반하면 손해배상을 해줘야 할 일이 생깁니다. 그런데 헌법은 좀 애매합니다.

  사인 간에 직접 헌법을 위반했다고 해서 징역이나 벌금을 부과받았다는 말은 들어본 적이 없을 것입니다. 더구나 헌법은 조문이 130개밖에 되지 않고 특히 기본권과 관련해서는 '인간의 존엄과 가치', '행복을 추구할 권리' 등 추상적인 표현도 많아 우리 생활에 어떻게 반영되는지 실감이 잘 나지 않을 것입니다(참고로 민법은 1118조까지니 헌법의 몇 배에 달하는 분량입니다).

  더구나 요즘에는 국가가 직접 개인의 기본권을 침해하는 일보다 사인 간에 기본권을 침해하는 일이 더 빈번합니다. 거대 기업의 경우 취업이나 승진 등과 관련해 국가기관 못지않은 권력을 행사하고 있기 때문입니다. 예를 들어, 여성의 경우 결혼을 하면 자동으로 퇴사하게 된다는 결혼퇴직제나 최저임금에도 미치지 못하는 소위

'열정페이'를 강요하는 경우가 이에 해당합니다. 그러나 결혼퇴직제나 열정페이 등도 모두 사인 간의 계약에 의해 이뤄진 것입니다. 그렇다면 분명 사인 간에 이뤄진 계약임에도 국가가 이에 관해 간섭을 할 수 있는 근거가 무엇이고, 그 근거에 있어 헌법이 어떻게 적용되는지에 관해 알아보겠습니다.

사인 간의 부당한 계약으로 유명한 문학작품이 있습니다. 셰익스피어의 희곡인 '베니스의 상인'입니다. 고리대금업자인 샤일록과 베니스의 상인인 안토니오의 1파운드 살점 계약을 남장을 한 포샤가 베니스 법정의 재판관이 돼 해결하는 내용입니다. 만약 샤일록과 안토니오가 현재 대한민국에서 이러한 계약을 맺었다면 어떤 판결이 내려질까요?

아마도 '선량한 풍속 기타 사회질서에 위반한 사항을 내용으로 하는 법률행위는 무효로 한다.'라고 규정한 민법 제103조 위반으로 무효인 계약이 돼 안토니오는 자신의 살점 1파운드를 떼어주지 않아도 될 것입니다. 그렇다면 이러한 민법 제103조가 규정된 근거는 무엇일까요? 그것이 바로 헌법의 정신입니다. 즉, 돈을 갚지 않는다고 해서 살아 있는 사람의 살점을 뗀다는 것은 누가 보아도 헌법 제10조에서 규정한 '인간의 존엄과 가치'에 반하는 계약입니다. 그렇기 때문에 헌법 제10조가 민법 제103조 같은 일반규정을 타고 들어가 반영된 것입니다.

물론 헌법이 사인 간에 어떻게 적용되는지에 관해선 학설대립이 있습니다. 미국에서는 사인의 행위를 국가의 행위로 의제해 이에 대한 이론을 구성하기도 하고, 독일에서는 사인 간의 행위에도 헌법이 직접 적용된다는 견해, 사인 간에는 사법이 직접 적용되지만, 기본권은 사법의 일반조항을 통해 간접적으로 적용된다는 견해 등이 있습니다.

그러나 대한민국 대법원은 '헌법상의 기본권은 1차적으로 개인의 자유로운 영역을 공권력의 침해로부터 보호하기 위한 방어적 권리지만, 한편으로는 객관적인 가치질서를 구체화한 것으로 …(중략)… 그 성질상 사법관계에 직접 적용될 수 있는 예외적인 것을 제외하고는 사법상의 일반원칙을 규정한 민법 제2조, 제103조 등의 내용을 형성하고 그 해석 기준이 돼 간접적으로 사법관계에 효력을 미치게 된다.'라고 판시해 원칙적으로 헌법이 사법상 일반원칙을 통해 간접적으로 적용된다고 했습니다. 결국 사인 간의 계약이라도 그것이 헌법에 보장한 기본권을 침해한다면 그 계약은 무효가 돼 약자를 보호할 수 있는 것입니다.

생활용품 할인판매업체인 다이소가 16년 동안 매장에서 일하는 현장 노동자를 상대로 '절대복종'을 강요하는 근로계약 이행각서를 작성하게 한 사실이 드러났다고 합니다. 이 각서에는 '상사의 업무상 지시, 명령에 절대로 복종하겠음, 사내외에서 직원을 선동하거나 회사의 허가 없이 방송, 집회, 시위, 집단행동, 유인물 살포·게시·소지·동조·편승 또는 그 미수에 그쳤을 경우 당연면직 또는 어떠한 조치도 감수하겠음' 등의 내용이 포함돼 있다고 합니다(한겨

레신문 2017년 12월 11일 기사 참조).

'다이소'라는 거대업체에서조차 이런 식이라는 점에 가슴이 답답합니다. 헌법에 규정돼 있는 기본권 보장의 정신이 좀 더 현실적인 삶에 투영되기를 바랄 뿐입니다.

시대를 앞서간 노래가사 '금연'

– 흡연권과 혐연권의 대결

　기존에는 야구장, 축구장 등 1,000명 이상의 관객을 수용할 수 있는 체육시설에 대해서만 금연구역으로 지정했지만, 2016년 12월 2일 간접흡연 피해예방 및 국민건강증진 도모를 위해 국민건강증진법이 개정되고 제도의 수용성을 높이기 위해 1년간의 홍보·계도를 거쳐 2017년 12월 3일부터는 모든 실내 체육시설(전국 5만 5,857곳)을 금연구역으로 지정했습니다. 이에 따라 3개월의 계도 기간을 거쳐 2018년 3월 2일부터는 흡연자 적발 시 흡연자는 과태료 10만 원(업주는 170만 원)을 물게 됩니다. 이제는 당구장과 실내 골프연습장, 무도장 등도 금연구역인 시대가 된 것입니다. 불과 몇 십 년 전만 해도 술집은 물론 버스, 극장 내에서까지 담배를 피웠는데 이젠 이런 것은 상상하기조차 힘든 시대가 됐습니다. 이러한 사회분위기를 반영하듯, 흡연자가 설 곳도 점점 줄어들고 있습니다. 실제로 2017년 12월 7일 서울시에 따르면, 2012년 9월 7만 9,391곳에 불과하던 시내의 실내·외 금연구역은 2017년 9월 현재 25만 4,546

곳으로 3.2배 늘어났으며 금연구역이 된 실내체육시설까지 더하면 시내 전체 금연구역은 26만 6,177곳에 이른다고 합니다.

그러나 시내 거리의 흡연부스는 같은 달 기준 40곳뿐입니다. 25개 자치구 중 흡연부스는 서초구와 양천구에 각각 8곳, 중구 7곳 등 11개 자치구에서만 조성돼 있고, 규모도 절반 이상은 $30m^2$가 되지 않는다고 합니다(해럴드경제 2017년 12월 7일 기사 참조).

사정이 이렇다보니 금연정책에 비해 흡연자들에 대한 배려가 너무 없다며 흡연자들의 불만이 터져 나옵니다. 특히, 금연정책과 관련해 흡연자들의 불만이 헌법재판을 통해 정면으로 표출된 적이 있으니 흡연권과 혐연권의 다툼입니다. 즉, 금연구역과 흡연구역을 구분지정해 금연구역에서 흡연을 금지하는 국민건강증진법시행규칙 제7조에 관해 게임방 업주들이 헌법소원을 제기했습니다.

그러나 헌법재판소는 '흡연자들이 자유롭게 흡연할 권리를 흡연권이라고 한다면, 이러한 흡연권은 인간의 존엄과 행복추구권을 규정한 헌법 제10조와 사생활의 자유를 규정한 헌법 제17조에 의해 뒷받침된다. 한편 비흡연자들에게도 흡연을 하지 않거나 흡연으로부터 자유로울 권리가 인정되는데, 이러한 혐연권은 흡연권과 마찬가지로 헌법 제10조와 헌법 제17조로부터 그 근거를 찾을 수 있다. 나아가 흡연이 흡연자는 물론 간접흡연에 노출되는 비흡연자들의 건강과 생명도 위협한다는 면에서 혐연권은 헌법이 보장하는 건강권과 생명권에 기해서도 인정된다. 흡연권은 사생활의 자유를 실질적 핵으로 하는 것이고, 혐연권은 사생활의 자유뿐만 아니라 생명권까지 연결되는 것이므로 혐연권이 흡연권보다 상위의 기본권이라 할 수 있다. 결국 흡연권은 혐연권을 침해하지 않는 한에서 인정돼야 한다.'라고 판시했습니다.

워낙 중요한 판시사항이라 가급적 원문을 살리려 했는데 결론은 혐연권은 생명권과도 연결되니 흡연권보다 상위의 기본권이므로 혐연권을 흡연권보다 우선시해야 한다는 것입니다. 이 밖에도 2011년에 게임방 전면 금연구역 지정에 관해 게임방 업주들과 흡연자들이 각각 헌법소원을 제기했지만 두 사건 모두 헌법재판관 전원일치로 합헌 결정이 나왔고, 2015년 1월부터 시행된 모든 음식점의 전면 금연 정책에 관해서도 재판관 전원일치의 결정으로 합헌 결정이 나왔습니다. 이로써 금연구역과 관련한 네 차례 헌법 재판에서 모두 합헌 결정이 나왔습니다. 정부가 시행하는 금연구역 지정에 관해 헌법재판 결과를 음미한다면 금연구역 지정에 대한 흡연자들의 불만이 조금은 줄어들 수도 있을 것 같습니다. 내가 담배를 피는 기쁨도 중요하지만 타인의 건강과 생명도 존중해줘야 하기 때문입니다.

'그대, 그대가 뿜어대는 연기(담배연기 싫어), 멋있게 보일지는 모르지만 왜 그런지 나는 싫어 그녀의 담배연기'

'건아들'이라는 그룹이 부른 '금연'이라는 노래 가사입니다. 이 노래가 1980년대에 나온 것임을 감안한다면 몹시 파격적인 가사입니다. 그 당시에는 지금과 같은 강력한 금연정책이 없었고 담배연기에 대한 사회적 인식 및 간접흡연으로 인한 피해가 지금처럼 과학적으로 자세히 밝혀지지 않은 시절인데, 이런 가사를 썼다는 것이 놀랍습니다. 비흡연자들의 혐연권은 비단 오늘의 문제만은 아닙니다. 이 노래를 만든 사람이 지금의 세상을 본다면 분명 깜짝 놀랄 것입니다.

제8편 세상의 모든 임신이 축복받은 것일까?

— 낙태죄에 관해

2017년 9월 30일 청와대 국민 참여 게시판에 '낙태죄 폐지와 자연유산 유도약(미프진)의 합법화 및 도입을 부탁드립니다.'라는 글이 올라온 후 20만 명이 훌쩍 넘는 추천이 있었습니다(참고로 청와대 국민청원은 국민들에게 자유롭게 청원을 받고 30일 내에 20만 명 이상의 추천을 받으면 청와대가 그 청원에 대한 대답을 하는 제도입니다).

이에 조국 청와대 민정수석은 국민청원 1호 답변으로 채택된 '소년법 폐지'에 이어 '낙태죄 폐지'에 관한 국민청원 2호 답변을 영상물을 통해 전달했습니다. 영상물에는 2010년 이후로 중단된 임신중절 실태조사를 내년부터 재개하고, 비혼모에 대한 국가적 지원을 확대하는 등 우선 정부차원에서 할 수 있는 실행방안 등이 제시돼 있습니다.

낙태죄는 형법 제269조에 규정돼 있는데, 위 조항의 위헌여부에 관해서는 2012년에 헌법재판소의 판단이 있었습니다. '자기낙태죄 조항으로 인해 임부의 자기결정권이 제한되는 것은 사실이지만, 그 제한의 정도가 자기낙태죄 조항을 통해 달성하려는 태아의 생명권 보호라는 공익에 비해 결코 중하다고 볼 수 없다.'라고 해 재판관 중 합헌 4명, 위헌 4명의 의견으로 합헌 결정이 있었습니다. 즉, 개인의 인격권·행복추구권 속에는 자기운명결정권이 전제되는 것이고, 이러한 자기운명결정권에는 임신과 출산에 관한 결정권도 포함돼 있는데, 이러한 임부의 자기결정권과 태아의 생명권 보호라는 공익을 비교해볼 때 낙태죄 조항이 임부의 자기결정권에 대한 과도한 제한이라 보기 어렵다는 것입니다.

OECD[1] 35개 회원국 중 대한민국, 뉴질랜드, 영국, 이스라엘, 일본, 칠레 등 10개국을 제외한 25개국에서는 여성의 자기결정권을 인정하고 본인 요청에 따라 임신중절수술이 가능합니다. 대한민국의 경우에도 모든 임신중절수술을 금지하는 것이 아니라 모자보건법 제14조의 사유가 있으면 예외적으로 임신중절수술을 허용합니다. 그 사유로는 ① 본인이나 배우자가 대통령령으로 정하는 우생학적 또는 유전적 정신장애나 신체질환이 있는 경우 ② 본인이나 배우자가 대통령령으로 정하는 전염성 질환이 있는 경우 ③ 강간 또는 준강간에 의해 임신된 경우 ④ 법률상 혼인할 수 없는 혈족 또는 인척 간에 임신된 경우 ⑤ 임신의 지속이 보건의학적 이유로 모체의 건강을 심각하게 해치고 있거나 해할 우려가 있는 경우 등

---

1) 경제협력개발기구(Organization for Economic Cooperation and Development). 제2차 세계대전 직후 1948년에 결성된 유럽경제협력기구(OEEC)를 모태로 개발도상국 문제 등을 새로운 세계정세에 적응하기 위해 1961년 9월 30일 발족함. 대한민국은 1996년 7월 6일 심사를 통과해 10월 19일 29번째 회원국이 됨

다섯 가지 사유입니다. 아울러 모자보건법시행령 제15조에서는 임신 24주일 이내인 사람만을 그 대상으로 한다고 규정하고 있습니다.

그런데 현행모자보건법은 임신의 지속이 사회적·경제적 상태를 현저히 위태롭게 할 우려가 있는 경우에는 낙태를 허용하지 않아 현실문제의 해결에 불충분하다는 지적을 받아왔습니다. 2010년에 보건복지부와 연세대학교가 조사한 '전국인공임신중절수술 변동 실태조사'에 따르면(복수응답 가능), 임신중절수술 사유로 1위가 원치 않은 임신(46.8%), 2위가 임신 중 약물복용을 포함한 태아의 건강문제(23.4%), 3위가 경제문제(23.1%), 4위가 미혼(20.6%), 5위가 자녀를 원치 않거나 원치 않는 성별 등의 가족계획(17.3%)이었습니다. 즉, 모자보건법이 현실에서 벌어지는 임신중절수술 사유를 제대로 반영하지 못하고 있는 것입니다. 아울러 2010년 16만 9,000여 건의 임신중절수술이 있었는데 그중 합법적 시술은 6%에 불과하다고 합니다. 즉, 불법 임신중절수술은 번번이 발생하고 있지만, 이에 따른 1심 처벌 건수는 (징역·집행유예·벌금형·선고유예 모두 포함) 2012년 9건, 2013년 14건, 2014년 8건, 2015년 14건, 2016년 24건으로 (법원행정처 자료 참조) 불법 임신중절수술이 벌어지는 건수에 비해 터무니없이 낮아 낙태죄 처벌 규정에 대한 실효성이 제기됩니다. 사정이 이렇다보니 2017년 2월에 자기낙태죄에 관한 형법 제269조 제1항과 업무상동의낙태죄에 관한 제270조 제1항에 관해 헌법소원이 제기돼 헌법재판소가 심리 중에 있어 그 결과가 주목됩니다.

2017년 11월 2일 여론조사 전문기관인 리얼미터가 전국 19세 이상의 성인남녀 516명을 대상으로 낙태죄에 관한 국민여론을 조사한 결과 낙태죄를 폐지하자는 의견은 51.9%, 유지하자는 의견은 36.2%, 잘 모르겠다는 의견은 11.9%였습니다. 흥미로운 것은 7년 전인 2010년 2월에 조사한 결과에 따르면, '낙태허용불가'의견이 53.1%, '낙태허용'의견이 33.6%로 지금의 결과와는 반대였습니다.

  법은 사회구성원 다수의 공감대적 약속입니다. 태아의 생명권과 산모의 자기결정권이라는 이분법적 사고를 떠나 헌법재판소에서 다수가 수긍할 수 있는 합리적인 결과가 나오기를 기대해봅니다.

대부분이 불법인 마사지 업소
– 시각 장애인의 생존권 보장과 비시각 장애인의 직업 선택의 자유

 길을 걷다 보면 무수히 난립된 마사지 업소를 볼 수 있습니다. 스포츠 마사지, 태국 마사지, 발 마사지 등 그 종류도 많습니다. 너무나 버젓이 영업을 하고 있지만 실정법상 시각 장애인이 영업을 하는 곳이 아니고서는 모두 불법입니다. 안마업은 의료법 제82조 제1항을 근거로 생계 보호를 위해 시각 장애인에게만 독점적으로 허용하고 있기 때문입니다. 아울러 시각 장애인으로서 안마사 자격을 가진 자가 아니면서 영리를 목적으로 안마나 지압을 할 경우 의료법 제88조 제3호에 의해 3년 이하의 징역이나 3,000만 원 이하의 벌금형에 처하도록 규정되어 있습니다.

 그러나 2017년 11월 23일 더불어민주당의 권미혁 의원실이 보건복지부로부터 제출받은 불법 마사지 업소 단속 현황에 따르면, 전국 지방 자치 단체의 단속은 2013년부터 2017년 10월까지 5년간 221건에 그쳤습니다. 비장애인 업체가 운영하는 불법업소가 최소 1만 곳으로 추산되는 것을 감안하면 극히 미미한 수치입니다. 아예

단속에 나서지 않는 지방 자치 단체도 있습니다. 충북·전북·대구는 단속 실적이 '0건'이며 충남은 자료를 제출하지 않았습니다(한국일보 2017년 11월 24일 기사 참조).

헌법 15조에는 '모든 국민은 직업 선택의 자유를 가진다.'라고 규정되어 있습니다. 그렇다면 비시각 장애인도 마사지 업소를 운영할 수 있어야 하는데, 현행 의료법은 이를 금지하고 있습니다.

처음에는 시각 장애인만 마사지 업소를 운영할 수 있다는 것이 의료법이 아닌 '안마사에 관한 규칙'에 규정되어 있었습니다. 따라서 법률 유보 원칙과 과잉 금지 원칙에 어긋난다는 이유로 위헌 결정을 받았습니다. 여기서 법률 유보 원칙이란, '국민의 권리를 제한하거나 의무를 부과하는 사항은 국회의 의결을 거친 법률로써 규정해야 한다.'는 원칙입니다.

즉, 어떤 직업을 가질 수 있는가의 여부는 국민의 권리를 크게 제한하는 것인데, 국민이 투표를 통해 뽑은 국회의원이 아닌 행정부에서 헌법이 보장한 국민의 직업 선택의 자유를 제한하는 것은 위헌이라는 이유였습니다. 아울러 비시각 장애인에게는 안마사 취득 기회 자체를 원천적으로 박탈하므로 '과잉금지원칙'에도 어긋난다고 판시하였습니다.

헌법재판소가 이러한 판결을 내자 시각 장애인들은 생존권의 위협을 받는다며 항의 집회를 열었습니다. 마포대교에서 남단 교각 사이 이동통로에서 시각 장애인 5명이 고공시위를 했으며, 마포대교 밑 여의도 한강 둔치에서는 200여 명이 모여 시위를 하기도 했습니다.

더 안타까운 것은 금천구 시흥동에 거주하는 시각 장애인 안마사인 손모 씨(남·42세)가 자신의 아파트에서 투신해 숨진데 이어, 광주시 쌍촌동에 거주하는 시각 장애인 안마사 변모 씨(여·55세)도 자신의 아파트 11층에서 투신해 목숨을 끊었습니다(에이블뉴스 2006년 6월 14일 기사 참조).

이처럼 시각 장애인들의 반발이 생각보다 강하자, 이에 대한 대책이 필요했습니다. 그래서 국회 재적의원 215명 중 205명의 찬성으로 시각 장애인만 안마사가 될 수 있다는 내용으로 의료법을 개정했습니다. 위에서 말씀드렸듯이 그 전에는 시각 장애인만 안마사가 될 수 있다는 내용이 '행정부 규칙'에 규정되어 있어 법률 유보 원칙의 위배였는데 이제는 국회가 이를 법률로 만들었으니 법률 유보 원칙 위배는 없어졌습니다. 그렇다면 과잉 금지 원칙은 어떻게 해결해야 할까요? 개정된 의료법 내용도 여전히 비시각 장애인들에게는 안마사 취득 기회 자체를 박탈하는 것이기 때문입니다. 이에 대해 헌법재판소는 '안마업은 시각 장애인이 정상적으로 영위할 수 있는 거의 유일한 직업이므로 시각 장애인 안마사 제도는 시각 장애인의 생존권 보장을 위한 불가피한 선택이고, 아울러 일반 국민이 선택할 수 있는 직업은 상대적으로 넓고 안마업 외에도 선택할 수 있는 직업이 많다.'라는 점 등을 들어 이번에는 과잉 금지 원칙의 위배가 아니라고 판시하였습니다.

처음에 위헌 결정 내린 것이 2006년 5월 25일이고, 후에 합헌 결정을 내린 것이 2008년 10월 30일이므로 2년만에 헌법재판소의 태도가 바뀐 것입니다.

시각 장애인도 아닌데 마사지 업소를 차리고 영리 활동을 한 50대 남성에게 항소심에서도 의료법 위반을 이유로 1심과 같은 벌금 100만 원이 선고되었습니다. 이에 기소된 남성은 시각 장애인에게만 안마사 자격을 주도록 한 법 조항은 직업의 자유와 평등권을 침해한다며 위헌 법률 심판 제청을 요청했지만, 기각당했습니다(파이낸셜 뉴스 2017년 10월 7일 기사 참조).

이와 별개로 서울중앙지방법원에서는 시각 장애인에게만 안마사 자격을 주는 의료법 규정에 대해 헌법 재판소에 위헌 법률 심판을 제청하였습니다. 이에 2018년 1월 2일 헌법재판소는 재판관 전원 일치로 심판 대상인 의료법 규정에 대해 합헌 결정을 내렸습니다. 이로써 시각 장애인에게만 안마사 자격을 주는 규정은 2003년·2008년·2013년·2018년, 이렇게 4번의 합헌 결정을 받았습니다.

그러나 2000년 이후 직업 교육으로 각종 마사지사 과정이 생겼고, 마사지 문화도 활성화되면서 마사지 시장이 커져 버렸기 때문에 앞으로도 시각 장애인들의 생존권 보호와 비시각 장애인들의 직업 선택의 자유의 대립은 계속 될 것으로 보입니다. 단기적인 대책보다 시각 장애인을 위한 고용 정책 마련 등으로 시각 장애인들이 보다 다양한 직업을 선택할 수 있도록 지원하는 정책이 절실히 요구됩니다.

제10편

헌법상 인간답게 죽을 권리도 인정이 될까?

- 존엄사와 안락사에 관해

  2017년 12월 7일 보건복지부와 의료계에 따르면, 지난 10월 23일부터 2018년 1월 15일까지 진행되는 연명의료결정 시범사업에서 지난 4일 현재 사전연명의료의향서를 작성한 사람이 3,000명을 넘어섰다고 합니다. 사전연명의료의향서는 환자가 임종기에 들어, 회복 불가능한 상태에 빠졌을 때 심폐소생술, 인공호흡기 착용, 혈액투석, 항암제 투여 등 네 가지 연명 치료를 받지 않겠다는 뜻을 미리 밝혀두는 한 장짜리 서류입니다. 네 가지 연명의료 중에서 원하는 항목만 중단하는 선택을 할 수도 있고, 19세 이상의 성인이라면 전문가와의 상담을 거쳐 누구나 쓸 수 있습니다(연합뉴스 2017년 12월 7일 기사 참조).

  2018년 2월 4일부터 연명의료결정법, 이른바 '존엄사법'이 실시되었습니다. 보건복지부가 2018년 1월 15일까지 연명의료결정법 시범사업을 실시한다고 밝혔는데, 2017년 11월 24일 현재 임종과정에 접어들어, 연명의료를 유보하거나 중단하고 숨진 환자가 모두 7명으로 나타났습니다.

그런데 말기의 환자가 죽음을 스스로 선택한다는 것은 종전 안락사에서도 논의되던 것이었습니다. 그러나 존엄사와 안락사의 차이에 관해 정확히 아는 분은 생각보다 많지 않습니다. 이번에는 존엄사와 안락사의 개념 및 차이점에 관해 말씀드리겠습니다.

안락사란 환자의 고통을 줄이기 위해 생명을 단축시키는 행위로써 안락사를 뜻하는 'euthanasia'는 〈좋은 죽음〉을 의미하는 라틴어에서 유래합니다. 안락사는 그 시행방법에 따라 적극적 안락사와 소극적 안락사로 구별됩니다. 적극적 안락사란 환자가 아직 사망과정에 진입하지 않은 상태에서 견디기 힘든 육체적·정신적 고통을 제거하기 위해 제삼자가 환자의 동의를 얻어 약물투입 등 직접적인 생명의 단절을 야기하는 것을 의미하며, 소극적 안락사란 이미 사망과정에 진입한 환자의 의사에 따라 의술을 시술치 않거나 생명유지 장치를 제거함으로써 사망과정이 자연스럽게 진행되는 것을 의미합니다. 일반적으로 안락사라고 할 때는 적극적 안락사를 의미하는 경우가 많습니다.

이에 반해, 존엄사란 최선의 의학적 치료를 다 했음에도 불구하고 회복 불가능한 사망상태에 이르렀을 때 무의미한 연명치료를 중단하고 질병에 의한 자연적 죽음을 받아들임으로써 인간으로서 지녀야 할 최소한의 품위를 지키면서 죽을 수 있도록 하는 것입니다.

연명치료를 중단한다는 점에서 존엄사를 앞에서 소개한 소극적 안락사와 동일시하는 견해도 있습니다. 그러나 존엄사는 그 목적이 인간의 존엄성, 즉, 인간다운 죽음을 맞을 권리를 보호한다는 것에 중점이 있다는 점에서 환자의 고통으로부터의 해방을 위한 소극적 안락사와는 목적 면에서 차이가 납니다.

안락사와 존엄사 모두 법적으로 허용하는 나라는 네덜란드와 룩셈부르크, 스위스 등이 있으며 특히 벨기에는 미성년자라도 자신의 현재 상태와 죽음의 의미를 이해하고 합리적 선택이 가능하다면 이들의 선택을 존중해 2014년부터 모든 연령대의 존엄사를 허용합니다.

대한민국의 경우 적극적 안락사는 인정하지 않습니다. 다만, 연명치료거부와 관련해 헌법재판소는 '죽음에 임박한 상태에서 인간으로서의 존엄과 가치를 지키기 위해 연명치료의 거부 또는 중단을 결정할 수 있다'라고 해 '연명치료 중단에 관한 자기결정권'을 헌법상 기본권인 자기결정권의 한 내용으로 인정하고 있습니다.

아울러 폐암조직검사를 받다 과다출혈로 식물인간이 되자, 자녀들이 인공호흡기 등 연명치료의 중단을 요구한 소위 '김 할머니 사건'에서 대법원은 '회복 불가능한 사망의 단계에 이른 환자가 인간으로서의 존엄과 가치 및 행복추구권에 기초해 자기결정권을 행사하는 것으로 인정되는 경우에는 연명치료 중단을 허용할 수 있다.'라고 판시해 역시 일정한 요건하에 연명치료 중단을 허용했습니다. 이러한 판례의 태도와 '삶을 아름답게 마무리 하자'는 웰 다잉

(Well-Dying)에 대한 국민들의 관심이 커짐에 따라 이번 존엄사법이 탄생하게 된 것입니다.

존엄사법에 관해서는 아직 임종 시기 때문에 관한 구체적인 법률 기준이 없고, 환자에게 연명의료계획서를 설명하고 작성해야 할 직종의 범위(의사·간호사·사회복지사 등)가 다소 불분명하다는 지적 등이 있습니다. 아울러 치료비를 원인으로 한 자살의 방조로 전락할 수 있다는 우려의 목소리도 있습니다. 그러나 존엄사법의 도입은 인간다운 죽음을 스스로 선택할 수 있다는 점에서 죽음에 대한 사람들의 인식이 예전에 비해 많이 바뀌었다는 방증이기도 합니다. 태어나는 것은 내 의지와 무관하지만 죽는 것은 인간의 존엄을 지키기 위해 내가 선택할 수 있다는 점에서 존엄사의 실정법 도입은 많은 여운을 남깁니다.

찾아보기

ㄱ

가압류 83
가장이혼 38
가장혼인 37
가처분 83
검인 23
견련관계 16
경성헌법 173
고소 99
고소 능력 99
공동정범 119
공모관계의 이탈 121
공정증서 19
광의의 폭행 105
국가긴급권 180
권리남용금지의 원칙 123
권한쟁의심판 162
근보증 45
금고 155
기여분제도 27

ㄴ

낙성계약 12
낙태죄 190
내각불신임권 179
내용증명 20
뇌물 151

ㄷ

단순승인 49
대체관계 75
대통령제 178

ㅁ

면소 157
명예훼손죄 109
모욕죄 109
모자보건법 제14조 191
몰수 151
미성년자의제강간죄 92

ㅂ

방계혈족 26
법률안거부권 178
법률 유보 원칙 195
법정단순승인 49
법정담보물권 16
법정대리인 98
법정상속분 26
보증계약 41
보증의 방식 43
불법영득의사 135

ㅅ

사실혼 54
사용절도 135
사전연명의료의향서 198
상대방 있는 단독행위 67
상대적 친고죄 128
상속순위 26
상속포기 48
선고유예 156
소극적 안락사 199
소멸시효 79
소멸시효 기간 80
소멸시효의 중단사유 82
소추 100
수증자 14
승인 83
시효이익의 포기 84
실질적 의미의 헌법 171
심신미약자 144
심신상실자 144
심신장애자 144

ㅇ

안락사 199
압류 83
약정담보물권 16
양심적 병역거부 164
연대보증계약 41
연성헌법 173
영업양도 70
영업양도인의 경업금지의무 75
위요지 130
위헌법률심판 160
위헌정당해산심판 162
유가증권 16
유기죄 115
유류분 29
유언의 방식 22
유증 48
유치권 15
의원내각제 179
이원집행부제 180
일반교통방해죄 124
임대차 33

ㅈ

자동차등불법사용죄 136
잔전사기 148
재산분할청구권 55
적극적 안락사 199
점유이탈물횡령죄 94
정부 형태 178
존엄사 199
주거침입죄 130
증여 12
증여자 13
지급명령신청 82
직계비속 26
직계존속 26
집행유예 155

ㅊ

차임 33
착한사마리아인법 112
채권적 전세 33
청와대 국민청원 190
최고 83
최고·검색의 항변권 41
최광의의 폭행 104
최협의의 폭행 106
추인 66
추징 151
친고죄 98
친양자 입양 요건 52
친양자 제도 52
친족상도례 128

ㅌ

탄핵심판 162
특별수익자의 상속분 28
특별한정승인 50

ㅍ

편무계약 12

ㅎ

한정승인 48
합동범 119
헌법개정 170
헌법개정 절차 173
헌법소원심판 161
헌법의 파괴 174
헌법의 폐제 175
헌법제정권력 174
혐연권 187
협의의 폭행 105
형법상 폭행의 종류 104
형식적 의미의 헌법 171
확정일자 24
흡연권 187

MEMO